JN104692

季刊フォーラム

教育と文化

98

2020 Winter

季刊フォーラム
教育と文化
98
2020 Winter

もくじ

特集 アディオス！能力主義

連載

特集

アディオス！　能力主義

合言葉は、「人間する」

能力論研究委員会　池田賢市・伊藤書佳

戦後最大の殺人事件といわれる「津久井やまゆり園事件」（※1）。学校の始業式の日に子どもの自殺が最多となる「九月一日問題」。二つの深刻な事態に共通する問題は、近代社会のあらゆる差別と一線を画して正当化される差別、「能力主義」です。教育総研では二〇一七〜二〇一八年度の二年間、能力論研究委員会（委員長／菊地栄治、委員／池田賢市・市野川容孝・工藤律子・松嶋健、事務局／伊藤書佳）を設置して、この能力主義からの解放を視野に入れた研究をおこなってきました。

学校ばかりではなく社会全体に、能力主義の発想が普遍的にみられる。「できる―できない」の軸で人々を判断しようとする価値は、むしろ正当なもの、平等を実現するものとみられている。封建制下での身分による扱いの違いが不当なものであることには多くの人々が納得するが、「能力」のある人が優遇されることについては疑わない。ここには各人の間に差をつけて配分していくことを当然とする価値観がある。格差社会と言われる中で、その格差を生み出す構造自体に疑問を呈するのではなく、むしろそれを前提としたうえでの「成功」の方法が探られていく。

教育基本法「改正」から一〇年を経て、日本の教育は一層「人材」養成に重きを置き、子どもたちには「早い―遅い」といった発達段階的まなざし、役立つかどうかといった功利的まなざしが向けられ、一定の子どもたちが「問題のある子ども」、「困難を抱えている子ども」とされていく。かれらは「支援」の対象となり、排除された上で現状の価値尺度への適応を求められる。このような仕組みづくりは、ＯＥＣＤの「スキル」論に見られるように国際的な動向でもある。教育再生実行会議にもこの点がみられる。

このような「能力」についての発想が、障害者への差別（的まなざし）を下支えし、相模原の「やまゆり園」の事件に象徴される優生思想につながっている。そこで具体の教育改革を「能力」という観点から分析し、能力主義からの解放の可能性について研究していく必要がある。

能力論研究委員会諮問文より

能力論研究委員会がまとめた報告書では、人びとが能力主義を疑わずに受け入れるメカニズムの解明、その呪縛から解かれたあとの社会、誰もが「人間する」ことを奪われない社会を想起しています。

「人間する」（※2）とは、お互いに尊重し合うとか、思いやりをもって接するとかといった道徳性のことを言っているわけではありません。自分らしくとかみんな違ってみんないいといった個性を活かして生きるということを言っているわけでもありません。人間が自己をそして他者を人間として、つまり、その人の生の歴史が刻み込まれているものとして認識し、承認すること。そこから、具体的な「顔」「名前」「声」が奪われずに、多数の多様な他者、あるいはモノたちが交錯しあう、対話と争いに開かれた関係性の場がつくられる。社会の現段階においては、これはけっして容易なことではなく、ある種の「危機」をも伴うかもしれません。しかし、「人間」はここからしか生まれてこない。

今号の特集では、能力論研究委員会があきらかにしたことをみなさんと共有して、さらなる議論につなげていけたらと考えます。能力主義との別れが「再見」ではなく永遠のものとなるように、「アディオス！　能力主義」をタイトルとしました。

能力論研究委員会報告書は、二〇二〇年五月に出版予定（※3）です。ここに、もくじを紹介しておきます。

はじめに――能力と社会をめぐる未来語り

伊藤書佳

※1　二〇一六年七月に障害者施設「神奈川県立津久井やまゆり園」で入所者一九人が殺害され、入所者と職員二六人が重軽傷を負わされた事件。被告は重度障害者を「生きるに値しない」として殺害した。二〇二〇年三月一六日、被告に死刑判決が言い渡された。「わたしたちは彼を処刑することで、彼の考えを部分的に認めてしまうことになる」と市野川容孝は言う（二〇二〇年三月一八日付け神奈川新聞「【やまゆり園事件・連載③】被告の命は「生きるに値しない」のか「試練」としての死刑判決」）。

※2　「人間する」とは、松嶋健の造語である。詳しくは松嶋の著作『プシコ ナウティカ―イタリア精神医療の人類学』（世界思想社）を参照されたい。

※3　太田出版から紙版と電子書籍が刊行される。

第一部

学校と社会の能力主義を問い直す

生存権という観点から現状の能力評価の不当性・差別性を問うていく必要がある——池田賢市

思い切った言い方をするなら、「現在の社会の誤りを正すこと」が教育の根本的な役割である——菊地栄治

能力主義を超えて、私たちは機会の平等のみならず、結果の平等にまで考察の射程を広げてよい——市野川容孝

能力とは権力との相性である。処遇を決める人の要求に応えると能力が高いといわれるということは、すでに「貧困と子ども・学力」研究委員会（※1）があきらかにしている。能力論研究委員会では、この先行研究を踏まえ、能力が個人所有できる実体ととらえられ、能力が高いと処遇がよりよくなることが当然視されるメカニズムを解明した。座談会第一部では、研究委員会での議論を振り返り、すべての人が生存を脅かされない社会を構想するための手がかりを探って語りあった。

池田賢市　いけだ・けんいち
中央大学文学部教授。専門は教育学、フランスにおける移民の子どもへの教育政策。著書に『フランスの移民の教育学』(明石書店)、編著『主権者はつくられる』(アドバンテージサーバー)、『「特別の教科道徳」ってなんだ？』(現代書館)、共著『新版近現代教育史』(学文社)など。

市野川容孝　いちのかわ・やすたか
東京大学大学院総合文化研究科教授。専門は社会学。著書『社会学（ヒューマニティーズ)』、『身体／生命』(ともに岩波書店)、編著に『労働と思想』(堀之内出版)、『人権の再問』(法律文化社)、共著に『優生学と人間社会』(講談社現代新書)など多数。

伊藤書佳　いとう・ふみか
編集者・ライター。『教育と文化』編集部。著書に『超ウルトラ原発子ども』(ジャパンマシニスト)、共著に『子ども発知りたい国連子どもの権利条約』(ジャパンマシニスト)、『みんなの放射能入門』(アドバンテージサーバー)、『自立に追い立てられる社会』(近刊／インパクト出版会)。

菊地栄治　きくち・えいじ
早稲田大学教育・総合科学学術院教授。専門は教育社会学、教育経営学。一般財団法人教育文化総合研究所所長。著書『希望をつむぐ高校 生徒の現実と向き合う学校改革』(岩波書店)、編著『持続可能な教育社会をつくる―環境・開発・スピリチュアリティー』(せせらぎ出版)、共著『変容する世界と日本のオルタナティブ教育：生を優先する多様性の方へ』(世織書房)など。

工藤律子　くどう・りつこ
ジャーナリスト。NGO「ストリートチルドレンを考える会」共同代表。著書『ストリートチルドレン』『ルポ雇用なしで生きる』(ともに岩波書店)、『マラス』(集英社第十四回開高健ノンフィクション賞)、『マフィア国家　メキシコ麻薬戦争を生き抜く人々』(岩波書店)、『ギャングを抜けて。――僕は誰も殺さない』(合同出版)など。

会場／東京・「あいらぶ湯」

クラスの半分の子は生き延びられない

池田　能力主義に関心のある卒論生がいて、能力論研究委員会の報告書を紹介したら、「私が言いたいことすべてが書いてある」と言っていました。彼女は能力で人が測られることがおかしいと思っていて、教育学や社会学系の能力や業績主義に関係する論文をこの一年間で一〇〇近く読んだけれど、その内容は、多少の不平等があっても機会を均等にしていけば問題はないとか、どうやれば能力が高まるか、あるいはどんな能力が必要かという論調が主だったとのことです。能力で人を測ることじたいがおかしいと言っているのは、この報告書一冊しかないと言っていました。

学校教育をずっと受けてきた学生のなかにも、「なんかやっぱり変だ」と思っている雰囲気は確実にあるんだなと、あらためて思いました。能力主義によって処遇が違うということの不平等さを彼女はずっと訴えていて、「人として生きているのだから同じじゃないのでしょうか、それだけで」、「なんで条件が必要なんでしょうか。これができなきゃだめと言われるのはおかしい」と。

伊藤　一方で、能力主義によって処遇が決まることに問題を感じている人でも、そのこと自体を問うのは現実的でないとされることが少なくありません。とくに教育制度や学校現場に能力主義が浸透しているなかで、能力主義を問い直すと言ったときに、社会全体が変わるにはどうしたらいいかという話がなかなかできない状況があります。

たとえば、二〇一九年の教育総研研究交流集会で能力主義を問い直す分科会をおこなったときにも難しいことがありました。グループに分かれて、自分がなぜ能力主義に引っ張られてしまうのか、日常の能力主義的状況をどういうときに自覚するかといったことを話し合おうというものだったのですが、「学力テストとか点数主義はよくないけれど、生き延びる力をつけさせてあげたい」といった声を複数聞きました。

工藤　どこで？　どこで生き延びるのですか？

市野川　それが重要な問いだと私は思います。学校だけを見ていてもしょうがない。学校の出口、外側がどうなっているのかを考えないといけないと思います。

今回報告書を書くにあたって確認したのですが、「能力主義」という言葉を日本で最初に明示したのは、日経連（日本経営者団体連盟。二〇〇二年に経団連に統合）のようです。有効求人倍率が一・〇を上回るちょうどその頃の一九六六年に

「能力主義管理――その理論と実践」という報告書を出している。つまり人手不足という状況の中で、一人ひとりの労働者のパフォーマンスを上げるようにしなければならない、そのためには年功序列でやっていてはダメだということで「能力主義」が打ち出された。一九四五年以降、生活給という発想（同じ年齢であれば、誰しも同じ時期に結婚して妻と子どもを抱えて必要とする賃金も同じだろうという発想）をベースに、年功賃金をとっていたのが、個人個人の能力に合わせて労賃を払いましょうというふうに変わっていく。

　また、今の日本の私たちが当然と思っている個人査定という制度ですが、職場で同じ仕事をしている人たち一人ひとりについて、この人はA、この人はBと判定をくだしていく個人査定は、ヨーロッパなどの同一労働同一賃金の考えには、基本的に反することなんです。同じ仕事をしているのだから、同じ賃金を払うという発想からも逸脱した個人査定を、当然視する労働の空間がある。学校の外側がこのようになっていたら、先生たちも、個人査定があたりまえの社会で生き延びさせることを教えなきゃいけなくなる。学校の文化の中の能力主義を問い直すなら、社会全体を問わないとだめだと思います。

伊藤　その通りです。しかし、学校の外側は変わらないという前提で、子どもたちに社会を生き抜く力をつけさせようということになりがちです。

市野川　なぜ学校の先生たちは外側が変わらないと思ってしまうのか。それを問う必要がありますよね。

伊藤　学校の先生だけでなく多くの人が、いまの社会自体は変わらないから、そのなかでどうやって自分や家族が生き延びるかを考えているように見えます。

市野川　だとすると、ある意味で歴史が終わってしまったのかもしれません。フランシス・フクヤマ（※2）が言ったように。いまある社会とは違う社会というのはもうない、と考えられている、そういう大状況を考える必要があるのかもしれない。個人査定が当然で、そこで自分がより高く評価されて生き延びるという状況は永遠に変わらない。その次の社会というものがもうないというふうに考えてしまっているとしたら、いくら工藤さんがスペインの社会的連帯経済（個々の資本家の利益を増やすことではなく、社会全体の利益を考える人たちが集まって経済活動を行う仕組み）を紹介したって、それはうちとは違いますということになってしまう。

「終わってる」という日本語がネット

上で頻繁に飛び交っているというのは、ある意味すごくリアルですね。社会的連帯経済など日本の外側で起こっていることが、私たちの社会ではありえないと思われている。フクヤマの言った「歴史の終焉」というのは、そういう状況を指すのかもしれない。そこから考えないとだめなんじゃないか。

伊藤　でも、歴史が終わってないから、この報告書ができあがっているんじゃないでしょうか。

市野川　それはそう。終わってないと思う。大状況を考えるというのは、からだの不具合といっしょで、歯が痛いからといって、歯だけを診ていてはだめですよね。普段、どういう姿勢なのか、ごはんをどう食べているかとか、そういうからだ全体のことを考えないといけない。

　私自身、能力論研究委員会で勉強になったのは、学校の問題は学校以外のことを考えなきゃだめだということにあらためて気づかされたことです。

池田　しかし、学校の先生が「生き延びるための能力をつけさせたい」といっても、競争社会を前提にしているかぎり、全員が生き延びることなんてないですよね。

工藤　生き延びられない！

池田　どうしたって、競争すれば半分は負けるわけで、生き延びられない。先生方が子どもたち全員を生き延びさせようと思うなら、その競争社会をやめるというふうにしないと、生き延びさせることはできません。

市野川　その通りですね。

池田　競争社会を前提としたら、クラスの半分あるいはそれ以上の子は生き延びられない状況に追い込まれる。だから、生き延びさせるために教育をしているというのは、まやかしなんです。むしろ、半分の子を貧困に陥らせるためにやってるということだと思います。つまり、選別している。

学校の先生が「生き延びるための能力をつけさせたい」といっても、競争社会を前提にしているかぎり、全員が生き延びることなんてない——池田

負けるのに、なぜ自分が勝つと思うか

伊藤　競争社会をやめるという話、外側の社会をどうするかということを、学校の先生とも議論したいと思うわけです。

菊地　そのためには、現場の先生といっしょに考えたりいっしょに何かをするということがとても大切だと思います。私は、学校現場へおしゃべりをしにときどき行くんですけど、丁寧に伝わる言葉を選びながら伝えていくということをこころがけています。「いっしょに考えてるんだ、この人は」と思ってもらうことが出発点にないと、社会は変わっていかないというふうに痛感させられます。

市野川　なるほど。たとえば、大阪では学校そのものを競わせるということが起きているように思います。イギリスやアメリカでも同様で、先生を競わせてその学校の成績が上がった下がったで、付ける予算の額を変えるということがおこなわれている。学校そのもの、先生たち自身が能力主義にさらされている。そういうことについてもっと議論すべきだったかもしれません。

伊藤　先生も評価にさらされて、それが賃金に直結してくるわけですものね。

市野川　しかも個人査定のようなものが先生たち自身に向けられていて、それがあたりまえになりつつある。けれども、それが決してあたりまえじゃないということを、先生たちに向かって、この報告書でもっと強く訴えるべきだったかもしれない。

　一人ひとりの先生にわかってもらわなきゃだめだという菊地さんの指摘はそのとおりだと思う。では、何をわかってもらうべきなのか。その一つは、学校と先生のシステムそのものが個人査定を含む日本的な能力主義のなかに置かれているということだと思います。

池田　ただ、教職員の組合のなかで話を聞くと、個人査定の能力主義に乗っかって、それを良しとしている人を私は一人も知らないのです。もちろん制度上能力主義が入り込んでしまって個人査定をしているけれど、みんなで工夫して、評定とそれに基づく処遇などが偏らないようにしているという話も聞きます。学校同士も競わされているけれど、少なくとも意識のうえではおかしいと思っている人たちは多いと思うんです。しかし、あまり世代論では言いたくありませんが、徐々に「個人査定の何がおかしいのか？」という雰囲気が出始めているとは思います。

菊地　二〇一七年に中学校の先生に一五年ぶりに全国調査をしたのですが、たとえば目標管理システムについて賛成かどうかと聞くと、二〇代はほかの年齢層に比べて賛成が多いんです。いま二〇代の人は背負わされていることがたくさんあるというか、昔の二〇代に比べるといろんなことをつめこまれて「あれもやれ、これもやれ」と成長することを急がされている分だけ、「これだけ努力しているのに報われない」と逆に不公平感がある。そういうことが反映しているのかなと思います。

市野川　やはり、外側を考えなければいけないと思う。学校そのものがその中に置かれているシステムや制度の現状とか、世代間の違いのようなことをもっとあきらかにする必要もありますね。

伊藤　いまの若い人たちには、教育の成果として能力主義が染み込んでいるということもあるでしょうか。

市野川　でも、報告書で言及した熊沢誠さんの指摘では、日本で能力主義が本格的に強化されるのは、一九九〇年代以降です。そんなに昔から染み込んでいるわけではない。しかし、一般社会が能力主義的になっていけば、学校と先生たちもそれに巻き込まれざるをえない。そこで教わる子どもたちも、能力主義的になっちゃいますよね。

池田　二年ほど前に取材を受けたある雑誌社では、組合が一生懸命がんばって、すべて年齢給にしたと聞きました。同一年齢同一給。仕事ができるとかできないとかに関係なく、たとえば、五〇歳ならこの給料と決まっている。労働運動的には、それがいちばん理想なんですよね。ところが新しく入ってきた二〇代の若者がそれはおかしいと言い始めて、いま危機なんですよ、とその雑誌社の人は言ってました。「せっかくわれわれが勝ち取った平等な賃金形態なのに、若手は五五歳よりも自分のほうが仕事ができると思い込んでいるんです」と。「たしかに仕事ができているのかもしれない。でも、いつできなくなるかもわからないのですから、年齢によって給料が決まっているほうが安心して働けるのに、なぜ、いま成果を上げているのだから給料をもっともらうべきだということになるのか？　成果が上がらなくなったら給料を下げられていいのか？　クビになってもいいのか？」と新入社員に言っても、それが伝わらないことがショックだと話されていました。

　仕事も競争なんですよね。競争すれば勝つと思ってるんですよね。なぜ、負けることを考えないのかな。甲子園だって優勝するのは一校で、五〇校以上は負けるのに。なぜ、自分が勝つと思うのでしょうか。競争だぞと言われたら、負けたらどうしようということをみなさん心配しませんか？　私は勝っていい思いをしているところなんて一度も想像したことがないんです。負けたらどういう目にあうんだろうと必ず考えます。

工藤　ある意味それも人によって差が出る話なんじゃないですか。今の競争社会のあり方にうまく自分を合わせてきた人は、がんばったんだから褒美はもらえるだろうと思うのだろうし、馴染めずにいる人は、若い人でもうまく行かないときのことを考えるのかもしれません。

池田　そこはよくわからないところなんです。若者の自己肯定感が日本は諸外国に比べて低いと聞いたことがあるのですが、本当なのか、いつも不思議なんです。なぜなら、たとえば大学で学生たちがテキストを買わないことがあって、それを見ていると、すごい自信だなと思うんですよ。テキストを読まずに単位を取れると思ってるのかな、と。競争主義なのに、どこかでのほほんとしていますよね。

市野川　大学全入時代と言われたりしますしね。でも、自分の能力に自信があるということではないと思います。能力じゃなくて、努力した自分に自信があるんじゃないか。「こんだけやったんだから、がんばったんだから、何もしないで鼻ほじってる人が年齢が高いだけで給料が高いのはおかしい」「自分たちはこれだけのことを課されて、一生懸命やってるんだから、もっともらって当然だ」「自分たちの努力ってなんなの？」と不満に思うのは、ある意味で当然でしょう。生活給とか年功序列というのは、「必要に応じて」の分配ですが、それがこれだけ揺らいで、能力主義が強まれば、若い人たちが自分たちの努力をもっと評価してもらいたいと思うのも当然かもしれない。

池田　努力って、自己申告じゃないですよね。他者が努力したかどうかを判断しますよね。

市野川　たしかに。個人査定というのはそういう制度ですよね。

池田　だから、すごく努力してるけど、「まだまだ」と言われちゃったら、もう過労死までいっちゃいますよ。

伊藤　まったくです。「努力の方向性がまちがってるんだよな」とか言われたりすることもありますしね。

池田　意地悪な上司とかが言いそうなことです。

工藤　その表現、最悪ですよね。

市野川　それは、努力を正当に評価してないことの一例だと思います。二〇代の人たちの年功制に対する反発というのは、能力じゃなくて、自分たちの努力を評価してほしいという思いのあらわれかもしれない。それを無下に否定することはできない。さらに言えば、東大文学部を卒業して電通へ行った高橋まつりさんが、過労死するということがありました。考えなければいけないのは、若い人たちにそこまで努力を強いるしくみです。年功序列の賃金制度そのものがすでに揺らいでいる一方で、自分たちの努力が十分に評価されることもない。若者が「能力主義」により傾く背景には、そういう社会の状況があると思う。

池田　努力させられているし、しなきゃいけないと思わされていますしね。

市野川　年功賃金のロールモデルの崩壊と、能力主義の強化と蔓延。そういう学校の外側の変化を見えるようにしないと、現場の先生たちも、なぜ自分たちも能力主義的になっているのか、わからないんじゃないか。学校の外側をもっと分析していく必要があると思う。

池田　学校と社会、両方ですよね。学校が外側の社会を支えていますからね。でも、学校がまた社会から影響されてもいます。

新自由主義とは異なる経済のしくみ

市野川　工藤さんが報告書で書かれたスペインの状況は、日本の外側を見せてくれるという意味でもいい論稿だと思いました。

伊藤　そうでした。工藤さんの論稿で知ったのですが、リーマンショックを発端とする経済危機が深刻化した二〇一一年、スペインの人たちは困難の真の原因について考えたんですよね。そして、真の民主主義政治＝市民政治を実現するには、新自由主義とは異なる経済のしくみを広め、人間同士のつながりに価値を置いた生活を築かなければと、時間銀行（※3）や労働者協同組合の取り組みなどによる社会的連帯経済がじわじわ広がっている、と。日本でもスペインの人たちのようなつながりを築き、困難の真の原因を解決することができたらいいなと思いました。

工藤　ちなみに、日本にも同じような取り組みはすでにあるんですよ。先日も、日本のワーカーズコープ＝日本労働者協同組合連合会のように、いわゆる社会的連帯経済（social and solidarity economy）の枠組みに入る人々の全国大会がおこなわれたので、行ってみたんです。ワーカーズコープですから、基本的にスペインの労働者協同組合のように、事業の運営やその方針の決定がすべて組合員である労働者自身に委ねられていて、年齢とか役職に関係なく、組合員全員が一人一票の決定権を持っています。新米でもベテランでも重要な役割を担う者でも、給料はほぼ同じ。もしくは差があっても五倍までといった取り決めのなかで働いている人たちが、日本でも現実にいるわけです。その彼らがいま、労働者協同組合法という法律をつくろうとしています。

市野川　フランスでも協同組合の取り組みを法的にサポートするための「社会的連帯経済法」が二〇一四年にできましたよね。

工藤　そうした法律がない、いまの日本のワーカーズコープというのは、スペインやほかの国の労働者協同組合とちがって、基本的に会社と同じように「代表」という雇用する側の立場の人がいて、その代表がほかの人たちを雇っているという形式にせざるをえないんだそうです。ほんとうはみんな同じ立場の組合員なのですが、労働基準法の関係で代表を置かないと雇用保険などが適用されないからです。実際の運営の仕方はほかの国の労働者協同組合と同じなんですが、日本では全ての組合員が平等という形態がとれないわけです。

　それでもこの社会を変えるためには、資本家の利益を増やす企業ではなく、社会全体の利益を考える平等な働き方があるんだということを知ってもらう必要がある。そこで法律ができれば、若い人たちにもその事実を広めやすいと考えたわけです。法律は、あと一歩で成立というところまできているそうです。

伊藤　労働者協同組合法ができれば、平等な職場をつくるのは可能だということを、広めやすくなるということでしょうか？

工藤　ええ、評価して優劣をつけたり競争したりする必要がない職場はつくれるのだと、伝えられるということです。

　そもそも、どういう社会で生きていくのかについての考え方が、労働者協同組合を推進する人たちと、一般企業とでは違う。例えば労働者協同組合では、なるべくみんなが同じ立場、平等な立場で働き、物事は民主的に決めるということで、組合員全員が同じように出資します。金額は、それぞれの組合が決める。今度できるはずの法律では、三人以上で労働者協同組合がつくれるということになっているので、三人同じプランを持つ人が「いっしょにやろうぜ」って言えば、そういう職場が自分たちでつくれるんです。上下関係や競争、いわゆる「能力」による格差はない。そんな職場、社会を目指しているのです。ただ、労働基準法との関係で、「代表」は雇用する側として組合員とは別の立場にならざるを得ないのが、いま唯一の問題です。

市野川　ぼくも教職員組合をずっとやってきましたが、労働基準法ってそれなりに重要な機能を果たしていますよね。最低限雇う側がやってはいけないことがきっちり書かれていて、雇われる側の権利保障が、最低限かもしれないけれど、労働基準法でなされている。きたるべき社会的連帯経済法や労働者協同組合法も基本的に労働基準法の延長線上にあるわけですよね。

工藤　社会保障関係は労働基準法が適用されるので、そうなります。その分、労働者は被雇用者ということにせざるをえなくて、雇用者としての「代表」をつくらざるを得ないんです。

市野川　協同組合でみんなが出資者になるとみんなが経営者ということになるので、場合によっては、だれが雇う側に相当するのかがわからなくなって、保険料の負担などをどうするのかという問題も出てきたりするかもしれない。労働法制で労働者を守ってきた枠組みが、労働者協同組合法になったときに、新自由主義の強まりの中で、悪いように使われてしまう危険性はないのかな、とお話をうかがっていて思いました。

工藤　労働者協同組合はすでに日本の中にたくさんあって、実際に組合員として働いている人が二万人以上います。そこでは、組合員全員の総会で組合員自身が出資や労働条件などを決定していますから、そういうことはないと思います。

市野川　労働基準法に違反するような働き方はしていないということですか。それは重要な事実ですね。

大学に行かなくても充分に暮らしていける社会

工藤　能力主義によらない社会のあり方に関する私たちの議論は、決して理想を語っているわけではなく、現実にやってる人たちが大勢いて、できることなんだ、という認識が重要だと思います。要は、報告書の「おわりに」のところで池田さんが書かれているように、問いの立て方なんですよね。「いまの状況でどうしたら幸せになれるか」じゃなくて、「どういう状況だったら、みんながそんなに無理しなくても幸せになれるか」と考える余裕と発想が、いまの日本人にはなさすぎる。そこに気づくことができたらいいですよね。

伊藤　スペインは失業率も高いのに、どうしてみんなに考える余裕があるのでしょうか？

工藤　基本的につながりのなかでなんとかやっていけるという気持ちが、みんなにあるんじゃないでしょうか。失業保険をもらうことをためらう人もいないし、権利ですから（笑）。

「スペインって大学入試がないんですか？」って聞かれることがあるのですが、スペインの場合は、小中高とそんなに競争させるという空気じゃないんですよね。「じゃあ、大学受験のときに受験勉強とかしないの？」って言われるんですけど、友人によると、どこの大学を受けるか決めるために必要なことは、まず、高校で教えられたことをどれだけ理解しているかということを見るのが六割程度を占めていて、それプラス共通試験みたいなものがある。でも、試験のために塾に行ってるということはあまり聞いたことがありません。学校のなかで特別に試験のために勉強を教えてくれるというような取り組みはあるにしても、お金を払って受験競争のための勉強をするということはないんですよね。むしろ、大学を卒業するほうが難しい。

池田　フランスもそうなんですけど、入るのは簡単。出るのが難しいんですよね。教育学の世界では、昔からよく言われてはいるのですが。

工藤　先生も子どもたちも、競争しなければ先にいい人生が待っていない、とは思っていません。失業したからといって、その人の努力が足りないから失業したとか能力が足りないから失業してるんじゃないかとは、みんなあまり言わないですよね。

市野川　さきほど大学全入という話をしましたけれど、全員が大学に行く社会というのは、本当は存在しませんもんね。ドイツでも大学進学率はいまも四〇数パーセントです。それ以外の人は、たとえばレアルシューレ（実業高校）で手に

「いまの状況でどうしたら幸せになれるか」じゃなくて、「どういう状況だったら、みんながそんなに無理しなくても幸せになれるか」と考える余裕と発想が、いまの日本人にはなさすぎる——工藤

職をつけたりして、社会に出る。大学に行かなくても充分に暮らしていけるそれなりのロールモデルがあるからですが、スペインも、それと同じような感じですか？

工藤　そうですね。だから、中学三年ぐらいから、あまり学校の勉強をしたくなさそうな子には、先生が「こういう道もあるんだけど」と言い始めます。

市野川　フランスもそうですか？　大学進学率はどのぐらいですか？

池田　大学入学資格試験であるバカロレア自体は七〇パーセント以上が取得していることにはなっています。バカロレア自体にいくつか種類はあるのですが。

市野川　受けてもみんなが大学に行くわけじゃないですものね。日本の大学進学率は、いま、どれぐらいですか？

菊地　四年制大学で五割ぐらい。短大や専修学校（専門課程）を入れて約七割ですね。

池田　大学進学率には地域差もかなりあって、東京や京都では六割を超えてますね。沖縄はだいたい四割です。

市野川　そこも学校の外側に関係する話で、大学に行かないと就職できないというわけじゃなければ、「大学ぐらい出ておかないと」という話にはならないですよね。

政府にちゃんと無料にしろと言うしかない

工藤　競争しなくても生きていけるということがこの日本社会で広がるためには、さっきの話に戻ってしまいますけど、若い世代を中心に競争するのがあたりまえと思わされてしまっている意識を変えることが必要になりますよね。いまは、労働者協同組合という労働のあり方を知らせても、みんな同じ給料だとか、長く働いて頑張っていれば給料が上がるというわけではないということを素直に受け入れられない人が、けっこういると思います。

一方で、そういう働き方をしたいという若い人も、増えてきていると感じるんです。競争するのはいやだと思ってる人たちには、競争しないでふつうに生きていく場所ってどこにあるんだろうという不安があるんだけれど、競争しない仕事の場もあるよ、ということを伝えれば、働き方や生き方が変わる人が結構いると思います。

市野川　それが歴史を終わらせないとい

うか、次の社会があるということだと思います。そういうビジョンがある。ただ、次の社会も、これでやっていって大丈夫だという保障がないと困りますよね。それで思うのは、年功制の賃金体系もある種生活給みたいなものだとさっき肯定的に言及したんですけど、それはある種の前提の上に成り立っている。「各人にはその必要に応じて」という方向に比較的に近い形で、年齢とともに賃金が上がっていくんだけど、その必要は特定の社会制度によって決められる。日本では何が重要（必要）になるかというと、教育と住居。これらについて全部私費で負担しなければいけないから、年齢とともに給料を上げなければいけないシステムになっている。子どもを大学に入れようとしたら、どれだけのお金を負担しなければならないか。持ち家にするならどれだけのローンを組まなければならないか。

社会を変えるという点で言えば、教育や住居の自己負担がこれだけ大きい今の日本の仕組みそのものを考え直すということもあって然るべきでしょう。「各人は必要に応じて」の必要が、何にどれくらい私費負担を強いられる状況に由来するのか。そういうことも見ないといけないですよね。

伊藤　お金がたくさんほしいと思ってしまうのは、それだけ自分で支払わなければいけないものがたくさんあるからということなんですよね。

市野川　そうです。もうひとつ付け加えたいのは、医療です。いま自己負担は三割になってしまったけれど、それまでは少なくとも健康保険の被保険者本人の自己負担はもっと少なかった。教育の自己負担は以前から高かったし、いわんや住居においてをや。しかし、住居というのは人間の生活の基盤です。

工藤　そういう意味ではスペインの場合は、医療は無料です。教育費も日本ほど高くない。

市野川　そういうことが重要だと思う。

工藤　住居に関しては、市民政党や人びとが「社会的住宅をもっと増やせ」と一生懸命叫んでいますが、その過渡期的なところでたとえば、住宅協同組合を組織して、自分たちで家賃が安く快適に住める場所自体を作っちゃえというケースが増えている。それはある意味、伝統的にそういう運動があったことにも関係しています。

貧乏で家がないという人たちが、これは自分たちで作るしかないと住宅協同組合を結成し、最初だけ自分たちでお金を出して安く住むという取り組みをやってきた歴史があるんです。経済状況がいい時期は下火になっていましたが、リーマンショックで住宅バブルがはじけ、「金融経済に頼っていたら、またこうなっちゃう」と危機感を抱いた際に思い出して、住宅協同組合が見直されている。

そういう意味では、安く安心して暮らせる住居を得ることは不可能ではないから、もっと日本でもそういうことを考えるようになっていけばいいんだと思います。医療と教育に関しては政府にちゃんと無料にしろと言うしかないんですけど。

市野川　個人査定を含めて能力主義的な働き方を変えるとしても、その働き方は、各人が必要とするものがどういうふうに用意されるかの従属変数である部分もある。これだけ教育と住居において私費負担が大きければ、年功序列になってしまいますよ。必要の構造を変えず、さらに自己負担を今まで以上に増やして、その上さらに、年功制を能力主義に変えるんだ、という話になったら、どこかで破綻すると思う。いい悪いは別として年功序列でやってきたから、かろうじて自己負担が高くてもなんとかなっていた。しかし、年功制は廃して、自己負担分は変えない、いや、さらに増やしますというのは、最悪のシナリオだとも言える。いずれにしても、分配や生活保障のあり方を考えないとだめですよね。

自分だけでがんばってると思っている

伊藤　分配の話、生活保障のあり方について考えるということは、能力論研究委員会のなかでは、研究をスタートしたときから共有されていた問題意識でした。

工藤　だから、伊藤さんが「はじめに」で書いていた、ベーシックインカムならぬ「AI（アベレージインカム＝平均所得保障）」（※4）が大切なんじゃないですか。

伊藤　そうなんです。でも、日本の国の中だけで平等な分配をするのでは不十分で、他の国から収奪して豊かになっていることや環境を破壊する企業の問題を含めて平均所得保障を考えなきゃならないのですが。

池田　ただ、平等な社会をみんなが受け入れないんじゃないか、競争したいと思うんじゃないか、そういう心配が常にあるんです。働く働かないということや努力や能力に関係なく、人が生きるために必要なものって一定ありますから、それはみんなに平等に確実に保障するという話を学校の先生としていたときに、「そういうのは嫌だ」という人がいたんです。

工藤　ああ、いるでしょうね。

池田　「そんなんじや、人間は成長しない」と。「だから、成長とかしなくたって関係なく暮らしていけるんですよ」と言っても、それが嫌だということなんですよね。何もしないけど、生きていけるという世の中が嫌なんです、その人は。がんばって、認められて生きていきたいと。こんなに安楽な社会が有り得ると言っているのに、なぜ、それを拒否するのか。それを聞いてちょっとショックだったんですよね。

工藤　がんばる、自分の成長ありき、とは違う生き方を考える余裕というか、そういう機会があまりに少ないのではないでしょうか。先生方が勉強会をするなら、そういうことについて話し合うといいと思うんですけど。

池田　先生の中には、努力や成長に頼らなくても生きていける話は完全に拒否してしまう人もいるて、子どもに頑張らせてしまう人もいるんですね。だから、子どもも頑張らなきゃと思ってしまうんです。もちろん、社会を変えていくことは大事なんだけど、学校が、そういう平等で競争のない社会を受け入れたくないという子どもたちを育てている気もしています。

伊藤　競争して勝って豊かになりたいということでしょうか。日本で教育費が高いのって、教育を受けた人がその受けた結果を自分のものにして、その成果を生かして高給という恩恵を受けるということになっているから甘受されているという側面もあるのかもしれない。

市野川　自分のお金で教育を買っているわけですね。

伊藤　たとえば昔の人だったら、「大学に行って医者にまでなったのなら、医者になるまでにどれだけみんなの税金があなたに投入されているのか、それを社会に還元しなきゃいけないだろう」みたいなことを言われていただろうし、言われた本人もそのことを受け止めたのでしょうけれど、いまは、自分の親が出してくれたお金や返済しなければいけない奨学金で大学に行って医者になったのだから、その資格は自分だけのもので、それをどう使おうと自分の自由であるという意識が大きいと思います。教育によって財を増やす、投資の感覚も強い。

池田　がんばるにしても、自分だけでがんばってると思ってしまっていますよね。がんばれる環境というか、どれだけの人の犠牲の上にがんばっているかということに気づけない状況になっている。

工藤　やっぱり、教育費をタダにしたほうがいいですね。

市野川　そう思います。

伊藤　いつからか、能力をつければそれは自分のもの。自分に返ってくるものという意識になっていったということがあるのかもしれないですね。

池田　福沢諭吉以来、「学問は身を立てるの財本」ですものね。立身出世、明治からずっとそうです。

伊藤　たとえば、貧困の人が大学に行けないのは問題だから大学に行けるようにって言われますよね。もちろん貧困でも大学に行けるほうがいいということはそうなのですが、そうやって学力のある人が大学に行って、そこで得たものをその人たちが自分のものにしていく。貧困の人も、能力があれば大学へ行って、その成果を自分のものにして貧困を脱する。そういうかたちの解決の仕方だと、社会は変わらないですよね。

池田　まったく変わらないですよね。貧困が生み出され続けます。

選別が進む社会の分かれ目で

伊藤　こうして聞いてくると、何かが違ってるんじゃないか？　と思ってしまうんです。スペインの社会の人たちと日本の社会の人たちの考え方にもしかしたら大きな違いがあるんじゃないか、その考え方の違いがはっきりしないと社会的連帯経済も違ったものになってしまうんじゃないか、と。

工藤　スペインでももちろん、私立の学校に行ってる人たちもいるんですよ。いるんですけど、スペインのマジョリティはそうではない。移民もたくさんいますしね。そのマジョリティの人たちのあいだで何がいちばん受け入れられるかというと、基本は医療と教育は無料で、できれば住むところもタダもしくは安価で、それで自分のやりたい仕事がやれればいいんじゃない、という考えなんじゃないでしょうか。

池田　それこそがみんなが生き残る術だと思いますね。

シベリアの抑留を経験した石原吉郎という詩人がいるんですけど、その人の書いた「ある〈共生〉の経験から」という文章があるのですが、強制収容所でほんとうに食料がちょっとしか与えられずに極限状態になったときに人は争わないということが書かれているんですよね。ホッブズ（※5）みたいに闘ってしまうと、仮にそのとき自分が勝ったとしても、今度は自分がやられるかもしれないので、全員が自分のいのちを大事に思うときには、与えられた豆もきちっと一個一個数えて完璧に平等に分ける。スープもきれいに計って、誰かだけが得をするようなことにならないように、完璧に配分する。そして、全員が生き残る。彼は、「不信感こそが、人間を共存させる」と言っています。

菊地　弱った人に多くではなくて、完璧に同じ配分をするわけですか。

池田　誰が弱っているかというのも、誰かが判断することになってしまうから、ともかく判断はしない。全員をまったく平等にする。そうやって共存する。だから、共存とはやさしさとかではないと。いかに人が追い込まれると共存せざるをえないか。闘わなくなる。それを読んだときはすごいと思いましたね。実際自分が経験したことを書いている短い文章なんですが。なるほど、共生ってそういうことだ、と。だから、競争しようなんて思っているうちは、まだ追い込まれていないということなのかもしれません。

市野川　まあ、そうかもしれないですよね。というか、その話のポイントは、みんなが危ういという状況ですよね。

池田　みんなが命尽きてしまうかもしれない状況ですからね。

伊藤　いまは、危うい人とそうでない人がいる状況ということでしょうか。

市野川　選別が進んでいるということなのでしょうね。しかし、全員がある危機的な非常事態、例外状態に置かれたときに、逆説的に、平等になることもある。レベッカ・ソルニット（※6）が言った「災害ユートピア」というのも、そういう状況かもしれない。通常の世界の豊かさがなくなってしまったときに、平等でやらなきゃいけなくなる。石原吉郎の話は、災害ユートピアの一つではないかと思いました。

池田　ほんとに、そうですね。ただ、その文章にはもう一つ別の観点のポイントもあって、それは憎悪といった感情がどこに向けられるかという問題です。収容所の管理者ではなく、同じ抑留者という身近な者に向けられるということです。それを前提とした「共生」なわけです。

伊藤　憎悪が身近な者に向けられずに、日常的に平等に分けて「共生」する方向を検討したいです。

市野川　九年前（二〇一一年）に、災害

ユートピアみたいなものが一時、重視された。私は災害ユートピア的なものがもう少し日常の社会構造のなかに入っていくのかなと思ったんですけれど、そうはならなかったというのが現状かもしれません。

池田　危機感無く、あれはあれ、それはそれというかたちで切り分けられてしまった。

市野川　石原吉郎の世界もそうだし、東日本大震災と原発事故もそうだったけれども、助け合いがなかなか恒常化しない。

池田　一方でボランティアには学生はよく行きますよね。でも、あれも自分の成長なんですよ。

工藤　まさにそのように言っていました。結構いろんな国でのボランティアやスタディツアーに参加している学生が、私たちが企画しているスタディツアーに来ていたのですが、「ボランティアに行くと自分が成長できるし、いっしょにボランティアすることによって、仲間に連帯感が生まれて学びがたくさんあり、更に成長できる」という言い方をするんですね。途上国へのスタディツアーなのに、「(自分は) 成長できたと思う」という感想をよく耳にします。現地で衝撃を受けた貧困などの問題の源や背景を更に知りたい、とはならない人が結構いる。

池田　なぜこの家が地震で崩れてしまったのかということには思いが至らないんですよね。

工藤　日本の教育の流れに乗れていない子たちのほうが、むしろ、現地にいるいろんな人と会ったことで、どんどん日本の常識と言われるものがじつは常識じゃないということに気づいて変化していくんですよね。いわゆるまじめというか、無難にやってきた学生のほうがそこから抜けられない。

池田　よく研究会のときに松嶋健さんが言っている蛇口の話。小さい蛇口がいっぱいあるのと太い一個の蛇口しかないのとでは、たくさんの蛇口があったほうが、一個の蛇口がだめになっても生きていけるんじゃないかという話を学生にしたら、たくさんの蛇口があったほうがいいという学生が半分、小さい蛇口がたくさんあるより太い蛇口一個のほうが安心するという学生も半分いました。分かれ目にきているのかもしれないですね。

工藤　いまのところ競争主義に乗っていて、とりあえず問題なくやっている人は気がつかないけど、なんかの拍子でそこからちょっとずれたりしたときに、別の考え方もあるということが見えるようになっていれば、そちらに行く人はいると思いますね。

池田　そうですよね。

競争的な社会そのものを変える

伊藤　ただ能力研では、競争的な社会がそのままにあったうえで、それとはちがう場所をつくろうとしているのではなくて、競争的にして人を排除したり収奪したりして生きられないような状況に人間を追い込んで、それもやむなしとして回っている社会をそのままにしないということを考えてきたんだと思うんですよね。

池田　それはそうですね。別の場所があるわけじゃないからね。

伊藤　競争的な価値観でなく生きることをしつつ、競争的な社会そのものを変えるしかないということだと思うんです。

工藤　あと二十年で。

伊藤　そう、あと二十年で。「はじめに」で書いたのは、二〇四〇年の未来ではもう能力主義から人びとは解放されていて、すべての一人ひとりの生存と生の保障が実現している社会になっているイメージだから、あまり時間がないですね。だから、ひとりでも多くの人たちと話をしていきたいなと思うんです。

工藤　不思議なのは、日本ではよく「北欧の教育は競争させないが、そちらのほうがうまくいく」とか言っているのに、なぜみんな競争させるのかということなんです。世界的に評価されてる教育は北欧だとみんな言うじゃないですか。

池田　良し悪しはあるにせよ、そんなに学力向上を望むなら、競争しないで学力向上している北欧のようにすればいいのに、なぜ、それもしないのか、と。

市野川　それは、繰り返しになるけど、学校の外が違うからじゃないですか。

工藤　だったら、なぜ外の社会や政府じたいが競争をやめないのかということなんです。

池田　実際のところ学力は向上しなくてよくて、競争にみんなが疑問を持たないことのほうに重きが置かれているからなのかもしれませんね。競争することに意味がある。

市野川　ただ、競争の是非も、さきほど話した医療と教育と住居が苦労しなくても保障されているかどうかによって変わってきますよね。それが、能力主義の説得力の有る無しを決めているところもあるんじゃないか。

池田　そこがもし、安心できれば、みんな競争競争と言わなくなるということですね。

市野川　小学校や中学校で点数序列をつけることがあるとしても、そのことの意味が全く変わってくると思うんです。学校の能力主義を問うには、学校の外側を問わないといけない。働くこと、生きること、そこが変わらないと、学ぶことについても変わらない。

　競争重視の社会の中に学校と先生が埋まっているから、私たちがこんなことを言っても、あまり説得力がない。自分たちだって努力してるのになんで報われないのかということの方に関心は向かってしまう。

菊地　私が先生たちと話していくことで伝わったかどうかはわからないんですけど、まず、教育の定義を変えましょうということをお話するんです。教育は、社会の至らないことを変えるためにあるという考え方を取らない限りは、絶対出口は見えてこない。社会の至らなさってどんなものなの？　どんな社会がいいの？

社会を変えるという点で言えば、教育や住居の自己負担がこれだけ大きい今の日本の仕組みそのものを考え直すということもあって然るべきでしょう――市野川

というビジョンを明確にして、それを共有して、じゃあそのために何が必要かというロジックで考えないと、いまの学校の先生は、あれも必要、これも必要、この子のためにあれも伸ばさなきゃこれも伸ばさなきゃとどんどん積み上げていくので、みんなが忙しくなるし、不幸を作り出している。そのことをこちらが明確にデータを示しながら打ち出して、では、その先はどうしましょうかということを議論する。そのとき、現場の自分たちの言葉で問いをつくるということがとても重要です。そういう現場なりの言葉をまずつくってそれを共有しあって、じゃあどういうふうにいきましょうかという対話が現場の中でないと何も始まらない。社会分析もそこから始めないとなにも始まらない。そこは見えないのに、子どもたちにできるようにできるようにとやっているから、おかしな社会になっていくんじゃないですかということを話してい

教育は、社会の至らないことを変えるためにあるという考え方を取らない限りは、絶対出口は見えてこない――菊地

るんですよね。

伊藤　香港では、デモをする若者たちを応援する先生たちのデモが二万人規模でおこなわれたりしていました。先生たちも含めて、おかしな社会の変革をおこなうために運動するというのも日本では少ないように見えるのですが。

菊地　それは、問いを奪われているんですよ。常に評価されていて、ゴールは決められていて、そのゴールに合わせて自分を作らなければいけない状況に、先生自身が置かれている。客体になってしまっているから、問い自体を自分たちで作るということの経験もないし、与えられたもののなかで生きていかざるを得ない状態に追い込まれているので、身体ごとそれに慣らされてしまっている。

伊藤　それで、抵抗とか変革が難しい状況にあるということでしょうか。

市野川　でも、アメリカでも、先生たちの数が減らされていることに対してデモをやってたりしましたよね。日本ではそういう抗議もしてはいけないという雰囲気になっていないか。

池田　七〇年代にあれだけストライキがあったのに。

菊地　急に消えましたね。八〇年代、バブルが崩壊する頃にはほとんど見なくなりました。

池田　八〇年代始めまではありましたよね。鉄道も学校もバスも。よく御茶ノ水の駿河台下に行くと、書泉グランデという本屋さんがよくストをやっていて、従業員がプラカードを持って外に座り込んでいました。

菊地　バスも動かないことがよくあって、あ、ストなんだと思った覚えがあります。

池田　当時はクレームをつけることなくストを支持していたと思うんです。それがなぜダメになってしまったのか。山手線も順法闘争をやってましたよね。公務員の二九分のストとか。そういう元気がありました。

伊藤　元気、出したいですね。スペインの人たちが困難の真の原因について何日も何度も話し合いを続けてきたように、もっともっとたくさん話をして、声を発していきたいとあらためて思いました。ありがとうございました。

※1　貧困と子ども・学力研究委員会（金井利之委員長、上田麻里、堅田香緒里、木村泰子、笹倉千佳弘、下村功、永野仁美）報告書「学力向上論の欺瞞と居場所としての〈学校〉」

http://www.k-soken.gr.jp/publics/index/45/

右記教育総研ホームページよりＰＤＦをダウンロードできる。

※2　アメリカの政治学者。東西冷戦が終わろうとする一九八九年に、自由民主主義の勝利で人類の歴史が終着点に到達したという論文『The End of History?』（歴史の終焉）を発表した。一九九二年に『The End of History and the Last Man』（Free Press）を出版。日本語訳は『歴史の終わり』（上下巻／三笠書房、二〇〇五年）。

※3　つながりを築くために人びとが利用している仕組み。「時間銀行」とは一般に、「時間」を交換単位として、「銀行」に参加するメンバー間でサービスのやりとりをする仕組みだ。メンバーはあらかじめ、「銀行」に自分が提供できるサービスを登録。誰かから依頼されたサービスを提供すると、かけた時間分の「時間預金」ができ、依頼者は同じ時間数を自分の預金から差し引かれる。詳しくは『雇用なしで生きる』（岩波書店）を参照されたい。

※4　ＡＩ（アベレージ・インカム＝平均所得保障）は、ＧＤＰの半分（需要面・消費面）を日本の総人口で割って、市民に富を平等に振り分けるという構想。貧困と子ども・学力研究委員会委員長・金井利之（東京大学教授）が考案した。詳しくは、※1で紹介した報告書を参照されたい。

※5　トマス・ホッブズ（一五八八―一六七九）。一六五一年に『リヴァイアサン』を発表。「万人の万人に対する闘争」、国家や法の規則が無い状態では人間は破壊的な結末を迎えるとした。

※6　アメリカの作家・アクティビスト。「地震、爆撃、大嵐などの直後には緊迫した状況の中で誰もが利他的になり、自身や身内のみならず隣人や見も知らぬ人々に対してさえ、まず思いやりを示す」。レベッカ・ソルニットは一九八九年にカリフォルニア州でロマ・プリータ地震に遭い被災している。その経験をもとに、一九〇六年のサンフランシスコ地震から二〇〇五年に起きたニューオリンズのハリケーン被害までを取材・研究してまとめたのが『災害ユートピア』（亜紀書房）。

能力論研究委員会報告書、私はこう読む①

心のどこかでモヤモヤしていたことが明らかに

山﨑俊一

やまざき・しゅんいち

小学校教員。北海道教職員組合中央執行委員。

「明日も学校に行きたい！」と思ってもらえるように

第二次ベビーブーム（一九七四年）に生まれた私は、幼稚園から高校まで常に学年五～一〇クラス規模で教育を受けた、幼い頃から大勢の一人だ。当時の先生から「子ども一人ひとりと向き合う」「個性を伸ばす」「多様性を認める」といった視線を注いでもらった記憶はほぼ無く、逆のエピソードならいくつも思い浮かびあがる。その最たるものは高三の冬、「キミはセンター試験受けないでほしいな、学校の平均が下がるから」と声をかけられたこと。確かに三年間ほとんど勉強せず学年最下位に近かった私は、センター試験で名声を上げたい学校にとっては疎ましい存在だったことだろう。そんなこんなで、学生時代の私にとっては、「『学校』は友達がいる場所」「『先生』はただの管理人」という程度の存在だった。

しかし何の因果か私は教員になってしまった。そこで自らの過去を顧みて、「『学校』は誰もが楽しく過ごせる場所」「『先生』はそのコミュニティを支える存在」として、授業・学級運営・行事などすべての教育活動を通して子どもたちに「明日も学校に行きたい！」と思ってもらえるよう努力してきた。しかしこうした中で、いつも心のどこかでモヤモヤしていたことが能力論研究委員会の報告書で明らかになった。それは「能力主義」だ。

ご多分に漏れず、「学力」「試験」「学歴」などの競争・順位を強いられてきた世代の私は、そこで努力し一定の成果を出すことでアイデンティティが確立されることを（是とは言わずとも）受け入れてきた。だから、私より「テスト」の点数が低かった同級生が、私より「高学歴」の学校に進学したことを聞いた時は悔しかったし、その逆の時には優越感を感じたものだ。また、こうした意識は就職（教員採用）まで続き、心の奥底では今もなお「あいつは俺より良い大学出たのに、給料が安い仕事で気の毒だな」なんて考えてしまうこともあったりなかったり……。

報告書からは、こうした「能力主義」の不条理（不毛）さ、排除の必要性が社会に向けて訴えられるとともに、いかに私自身（や多くの人）に根強く残っているこうした思考を改め、いかに「能力」の呪縛から解放された未来を子どもたちに用意するかが投げかけられた。私は、その具体策として次の四点に整理してみた。第一に、すべての人が「人間する」ことのできる環境や関係性をつくっていくこと。第二に、それが認められる社会へと変革していくこと。第三に、そのためには「現代社会が求める力≠能力」があるかないか、あるいは伸ばせているか否かを求めるべきではないこと。第四に、ましてや「能力」について「選別」「競争」等を肯定し、これらから明らかとなる差を「容認」すべきでないこと。

実は、これらは私が教員として、学校・教室で常に意識してきたものと合致する（このように文章で整理したことはなかったが）。一方で、現代社会はまだこうした理想郷には到達していないわけで、その荒野に放たれる子どもたちを丸腰で歩ませるわけにはいかないと、最低限必要な「能力（とあえて使う）」を身につけさせることを目標にしてきた。ここが自己矛盾となりモヤモヤしていた部分だ。

では、ここで私が身につけさせたかった「能力」とはどんなものだったのか。受験競争に勝ち抜く「学力」、それとも社会で生き抜くための「コミュニケーション力」、はたまたそれで収入を得られるだけの「芸」……。こう書き連ねてみると、どれも的を射ているようでも違っているようでもあるが、私がめざしたのは子ども一人ひとりが「やってみたい」「もっと知りたい」「とことんまで追求したい」と思えるものを、自らの判断で見つけるための「種」だったように思う。

その「種」は、報告書が危惧する「能力」とは異なるものだと考える。子どもが何かを身につけたいと望んだ時、それに価値があるかどうかは外部が判断するものではないし、またその行為こそが「能力主義」なのではないだろうか。私たちおとなの責務は、たかが「今」の価値観で子どもを縛ることではなく、子ども一人ひとりが自らの感性を信じて追求していける環境を整えることだ。

人事評価導入がもたらした危険のなかで

また、そのためには社会のあり方もしっかり変えていかなければならない。これまで公立学校教員は、人事評価による査定昇給が実施されてこなかった（「画一的年功制（第三章）」北海道では二〇一六年から施行）。若い頃は、年功性で一律に昇給しており、夏冬には高齢層には帯のついたボーナスが配られているのを横目にすると（当時はまだ現金支給）、なんて理不尽な昇給システムなんだと憤ったものだ。しかし、こうした環境は報告書にある「能力＝努力＝生存権（第一章）」が排除されたもので、ある意味では理想郷だった。

そこでは「矜持」のみで仕事をしていたように思う。例えば、教職員集団レベルでは「荒れた学校・学年を立て直す」「共生・共学を実現する」など、個人レベルでは「理解に時間がかかる子を中心に授業をすすめる」「家庭が苦しい子に寄り添う」など、数字では表れない子ども一人ひとりを大切にした営みが展開されていた。

ところが、人事評価が導入されてからは、こうしたとりくみよりも「全国学テの平均点」や「いじめ件数」などの数値結果に加えて、「生存権（賃金・人事）」を握った行政・管理職への「忖度」などを優先しなければ、不当に裁かれてしまう危険が生じてしまった。

子どもたちを「能力」から解放するためには、一番近くにいるおとなである私たち教職員が学校・教室に理想郷を作り上げ、そこで生きる姿を社会に発信していくことが、近道になるだろう。

「社会・経済的条件や障がいの有無などに関係なく、すべての子どもが多様な人とすごし、様々な知識に触れて、市民として育つ場を最善の形で提供するのが、公教育の役割（第五章）」としたスペインの考え方に学び、実現させていくためには、まず私たち現場の教職員が、子どもたちと過ごすコミュニティをそのような形に変えていくこと、少なくともそれを一歩でも前進させていくことが重要である。例えば、「普段は分かれて授業していても給食は一緒に食べよう」とか「地域・保護者と一緒に学芸会のバック絵を描こう」とか、その一歩一歩は大それたものでなくてもいい。

しょうがいがない・ある、テスト勉強ができない・できる、足が遅い・速い、背が低い・高いなど…何でもついつい比べてしまいがちな世の中だが、「『できる人』『できない人』がいるのではなく、『できること』『できないこと』があり、さらには『できるとき』『できないとき』というのもある（第二章）」ことを深く胸に刻み、「一人として同じ人間はいない、そこに優劣なんてないのだ」という社会が広がることを願い、自分に「できること」からとりくんでいきたい。

能力論研究委員会報告書、私はこう読む②

能力について考えたら気持ち悪くなった

青野かすみ

あおの・かすみ
大学三年生。

あたりまえの常識

日本で生きていくには、お金がないとまず水も飲めないし服も着れない、雨風を凌ぐ家にも住めない。だからお金が必要。お金がどのように流れているのか分からないので見た感じでしか言えないが、お金は誰かからもらうしか手に入れることが出来ない。私は大学生でバイトをすることの出来る年齢だが、バイトをしなければお金はどこからも入ってこない。命あるだけでお金がもらえるという経験はない。誰が私にお金をくれるのか？ 私が誰かの役に立つとき、その人からお金がもらえるのだと思う。

というのが、私の日本で生きていくための実感で、あたりまえの常識だと思ってきた。私は、今の生活やこの世界が、変わらずにずっと続いていくものだ、と漠然と思っていたし、世界はこれで合っているものとして、疑うこともなく生きてきた。なぜ、世界はこれで合っていると思っていたのか？ 子どもの頃は、大人はすごい存在で、子どもの私は出来ないこと（一人で買い物が出来る、漢字が読める）が多かったから。疑う間もなく周りの情報や大人に言われたことを吸収する以外考えられなかったから。イメージとしては、社会様にわたくしめが入れさせてもらう感じだ。教科書に書かれていることに間違いなんてあるはずがない、とも思っていたし、その教科書を作った大人が作っている社会は合っていると思っていた。

私は、社会とは市場であり、「労働力・役に立つ」を差し出す対価に、等しいお金がもらえるところだと思っていた。出来る人が少なく希少価値の高いかつ多くの人に必要とされる能力を持っている人は高給で、そうでない人は誰でも出来る仕事だから、低給。私は、大学を卒業するに際して、何か得意なこと、できることを生かしてそれ相応の対価でかまわないので生活できる方法を、と考えていた。

でも、この報告書を読んで、そうではないと思うようになった。報告書を読んでいくうちに不思議な感覚になった。自分の名前も、服も、学生という立場も消えて、長い長い歴史の中の今に在る自分、人間動物として生かされている自分が、たくさん建ちならぶ住居の部屋の一室にぽつんと収容されている個体みたいに思えた。

「能力主義は差別」という、聞いたこともない話に触れて、この世界の前提は崩せるものなんだと気づいた。能力主義が、求められている能力を獲得しようと躍起にさせて、結果の差異を正当化する説明原理になっていることを肯定する考え方なのだと気づいた。権力や社会が何らかの能力を人びとに要求すること自体おかしくて、人びとの生存や安心して暮らせる社会をあたりまえにする必要があると思った。

社会の常識が間違っているなんて思って生きていなかったし、自分の見えている世界が正しいと思ってしまうから、今までこの世界の常識も自分の感情も疑ってこなかったけれど、能力主義を問い直す作業を通じて、これらは一昔前の作られた物語でしたと言える二〇四〇年を迎えることが出来ると思った。

自己改良の産物としての私

報告書のなかで印象深かったことをあげておきたい。第一章で池田賢市さんが、「学歴による処遇の差異」がある前提で、「学歴は能力を表す」と信じられ能力差別が現に行われていると書かれていたが、私にはまず学歴による処遇の差異が上手くイメージできなかった。

学歴による処遇の差異、なのかなと思うバイトを経験したことはある。スタジアムでビールの売り子をした時、売り子は何百人もいたのに一〇人くらいがＶＩＰシート専属の売り子に配属され私はその中に入っていた。そこは普通よりも効率よく稼げるのでラッキーだねと担当の方に言われた。学歴で選ばれたのかなと思ったわけは、受付で飲み物を渡す際に英語を話す必要があったからだ。

また、「学歴が能力を表す」と言われて多くの人が妙に納得してしまうのも分からなくなかった。大学受験の勉強中、解けない問題はあるし物理は意味が分からないし数学は好きだけど問題を解くことはできなかったので、数学で点を取らなければいけない大学へ私は入学できない。入試問題では、難しすぎて何を言っているのか分からないもの、ひねりが効いていて解きがいのあるもの、簡単すぎて張り合いのないものがあった。もしどこかで、私が入ることのできない大学卒の人または私にとって試験が簡単だった大学卒の人と処遇の差異を作られたら、私にはできなくてあの人にはできたことがはっきりと身に染みているから（その逆も然り）、自分を偏差値の直線上で評価されることを、差異の説明に使って納得させられてしまうと思う。

報告書第二章で松嶋健さんが書かれていた、「オークション的状況」の説明は新しい発見だった。今まで、例えば交換する能力の価値が一〇だと対価は一〇、一〇〇だと対価は一〇〇だと考えていた。しかし一〇〇の価値は競合で対価が吊り上がりその分一〇には一の対価しか回らない、という事だと解釈した。もうひとつ分からなかったのは、「結果の平等」についてだ。給与を全員同じにする。そう考えるとなにか違う気がする。いや、でも、生存を脅かす結果には誰もならないようにする、ということだろうか。

気になったのは、第六章で菊地栄治さんが書かれていた「異様なまでに自己改良に執着する社会的熱病に取りつかれている」に関して。私は自分の直した方が良いところを反省して、分析して書き留めておくことをしている。自分がより生きやすくなるための改良でいいことだと思っていたが、そのままの自分じゃ生きづらいことに対して疑問を持つ必要があった。

また、「他者の「わからなさ」を認識し、少しでもわかろうとするためのエネルギーはどんどん吸い取られていく」にはっとさせられた。

もう疲れちゃって……、他者が分からなくて、というか自分も分からなくて、分からない世界で生きるのは怖くて心細くて、だから、分かってくれる人を探して分かる人と一緒にいることで落ち着く。

分かり方が分からないと言ったらいいのか。私にとっては、何か周りとうまくコミュニケーションを取れている気がしなくて、普通に見られてるかどうかを気にして生きてきたので、相手は普通、自分は変。だから相手の真似をして普通だと思われないと。普通は何て言うかな、どんな表情をするかな、どんな声の高さかなと。書いていて恐ろしくなる。つまり、自分以外を一緒くたに普通だとラベリングして、目の前のたった一人のその人をわかろうと全然してこなかった。考えれば考えるほど、気持ち悪くなってくる、陰鬱な気分になる。

小学校六年生の頃、女の子の仲良しグループに入って楽しく休み時間を過ごしたいと思っていた。でも、そこにいても楽しくない、何か違うかなと思う自分にがっかりしていた。中学校一年生で、いつの間にかクラスで独りぼっちになり軽いいやがらせを受けた。やっぱり自分は普通じゃないから仲良くしようと思われないのかなと思った。それからは、普通に見える人の話し方や受け答えで使う言葉や仕草を自分に取り入れて、普通の人だと思ってもらえるように、生きた。当時は、相手に普通じゃないと思われたら排除されて一緒に話してももらえない、話したいからこそ普通な自分という自己イメージを持つ必要があったのかなと思っている。高校生の頃は普通な自分がだいぶ板について楽しく過ごせたが、大学生になって、小中学生の頃に意識した「普通な周りと普通でない自分」をまた実感し、普通になり切れない自分とそれによってその場を楽しめないことが怖くて怖くて悩んだこともあった。

そんな経緯があり、「異様なまでに自己改良に執着する社会的熱病に取りつかれている」にとても共感し、今の自分は自己改良を一〇年くらい積み重ねてきた産物なのか、なんて思って気持ち悪くなったのだった。

なぜ、出来ないと困るのか

出来ないことは出来るように努力しようと教えられてきたから、忘れ物の多かった私は忘れないように連絡帳に書くだけじゃなく手の甲に書いたり、家に帰るまでずっと「上履き上履き上履き」と言いながら帰ったりしていた。学校で「出来る」ことが求められていたのは遅刻しない忘れ物しない静かにするなどで、なぜ出来ないといけないかと聞くと「将来社会に出た時に困るから、今から習慣づけておかないといけない」、と諭された。今、私は大学卒業が近づいていて今後どうしようかと考えている。報告書を読む前は、お金をもらうために必要なことは、「自分の出来る事を必要としてくれる場所」を探すことだと考えていた。でもこれは出来る事と引き換えにお金をもらうわけだから、出来ないとお金をもらえない、より出来ない人はより少ないお金しかもらえない、どこかで役に立たないとお金がもらえないと考えているのと同じだと思った。自分や周りのことを出来る・出来ないの目で見てきたし、見られてきたけれど、良く考えると出来なきゃいけない理由は、自分が困るからと見せかけて自分が困るような社会構造になっているからが本当のところなのかなと思うようになった。

能力主義差別について論じられたこの報告書は、私が当たり前で正しくて変わらないと思っていた社会の常識をぐるっと一八〇度変えた。社会は別に正しさを保証していない。能力主義は今の差別を肯定する説明になっている。それと、歴史の中の一時代として今の能力主義を見る視点を得た。

今では頭の中にいろんな考えが一気に入ってごちゃごちゃになっている。一つだけ確実に言えるのは、何か強くなった気がするということだ。困ったことや悲しいことがあったら自分が悪い、自分で何とか解決しないといけないとされて、そんな元気も生きる気力もない時だったら絶望すると思うけれど、能力主義は差別だと知ったら、なぜ困ってるか、悲しいかを冷静に考えられると思うから。

最後に一番知りたいと思うのは、能力主義差別で処遇の差異がある現実です。そこが実感できないと、半分も分かっていないんじゃないか。自分の知らない世界がたくさんあることに、報告書を読んでいると気づかされる。どうしよう。

時間とふたつの能力

中村昇
なかむら・のぼる

中央大学文学部教授。専門は哲学。著書に『西田幾多郎の哲学＝絶対無の場所とは何か』（講談社選書メチエ）、『落語 ― 哲学』（亜紀書房）、『ウィトゲンシュタイン「哲学探究」入門』（教育評論社）など多数。

時間って、いったい何だろう。本当によくわからない。空間であれば、われわれの身の周りを見わたすと、それらしきものを、いくらでも見いだすことができる。何もないがらんとした部屋、窓の外の公園、学校の校庭、などなど。「空間」と呼びたくなるものは、たくさんあるだろう。というより、周りには、「空間」しかない。

だが、時間となるとどうだろうか。それは、どこにもない。どんなに視力がよくても、絶対音感をもっていても、誰も、見たり聴いたりはできないだろう。ましてや、手にとることなど思いもよらない。いったい、時間とは何なのか。このことを、まずは、少し考えてみたい。

1 〈いま・ここ・わたし〉

わたしたちは、とても不思議な存在だ。生まれてから死ぬまで、〈いま・ここ・わたし〉という狭い場所に閉じこめられている。けっして〈ここ〉からは、逃げられない。どれほどがんばっても、〈いま・ここ・わたし〉という牢獄から脱出することはできないのだ。しかも、このなかの〈いま〉は、昨日や明日、一年前や将来といった時間の流れを前提とする名詞たちとは、まったくちがう。いっけん、この時とかかわりがあるようなふりをしているけれども、この

〈いま〉という名詞（副詞）は、時間とはまったく関係ない。なんなら、時の流れとは、最も遠いところでポツンと存在している語だといってもいい。

〈いま〉だけじゃない。〈ここ〉も〈わたし〉も、同じように独特だ。〈ここ〉は、場所や空間を意味しているわけではない。たまたま〈ここ〉が、八王子市だったり、北海道だったり、イランだったりもするだろう。でも、そこが、ずっと〈ここ〉ではない。〈ここ〉は、そんな特定の場所をずっと指しつづけたりはしない。〈ここ〉は、未来永劫〈ここ〉のままであり、いわば〈世界の中心〉である。〈ここ〉は、いつでも、〈ここ〉だ。

〈わたし〉もそうである。当たり前だが、誰でも、〈わたし〉という人称代名詞を使うことができる。しかし、誰一人として、自分自身以外の〈わたし〉に入ることはできない。〈わたし〉は、多くの人が使っているにもかかわらず、唯一無二の使用しかない。ただひとりの内面からしか、この語を発することはできない。誰のものでもあるはずなのに、誰のものでもない。それぞれの人とは、隔絶したところで、〈わたし〉なのだ。

以上のような意味で、〈いま・ここ・わたし〉は、この上ない僻地であり、他には誰もいない、どこでもない、時間も流れていない狭く絶対に脱けだせない小部屋なのだ。

2 時は流れていない

さて、時の流れの話をしよう。われわれは、なんとなく時は流れていると思っている。カレンダーもあれば、アルバムもある。小学校の同窓会も開かれるし、長くつきあった知り合いが亡くなったりもするだろう。あきらかに時が流れている証拠は、（たしかに、状況証拠かもしれないけれども）そろっているではないか。幼いころの写真を見せられれば、今の自分と比べてみるだろう。二人の人間は、顔かたちや身長など、いろいろな点がはっきりと異なっている。そうなると、時が経過し、顔や身体が変化したからだといわざるをえない。

でも、それでは、さっきの小部屋の話は、どうなったのか。わたしたちは、うまれてからずっと〈いま・ここ・わたし〉という狭いところに幽閉されているのではないのか。そして、その部屋に刻まれている〈いま〉という名は、時の流れとは、もっとも無関係な〈流れないいま〉ではないのか。

いやいや、でも時間は、はっきり流れているだろう。だからこそ、われわれは毎日、いろんなことをしながら生きている。流れていなければ、こんな日々の苦労はしない。しかし、この現実に密着して、私たちが生きている宇宙の構造をミクロからマクロまで、精密に分析している物理学者でも、つぎのようなことをいっている。

　感覚をもつ存在としての立場からいえば、「時間は流れるのか?」という問に対する答は明らかなように思われる。この文を書くためにキーボードを叩きながら、わたしははっきりと時間の流れを感じている。キーを打つたびに、ひとつの「いま」がつぎの「いま」へと移っていくのだ。あなたがこれらの文字を読み、ページの上から下へと眼を移すときにも時間の流れを感じているにちがいない。ところが、物理学者が懸命に努力してきたにもかかわらず、「時間は流れる」という直観的判断を裏づける説得力のある証拠は、物理法則のなかには見つかっていないのである。それどころか、アインシュタインが特殊相対性理論によって得たいくつかの洞察を、すこし異なる枠組みから見直してみると、時間は流れないという証拠が得られるのだ（『宇宙を織りなすもの（上）』青木薫訳、草思社文庫、二〇一六年、二七〇 - 二七一頁）。

　超ひも理論などを研究する最先端の理論物理学者ブライアン・グリーン（一九六三年生れ）が、こういっているのだ。物理学の見地に立てば、「時間は流れていない」のである。あるいは、研究だけをするために、大学の職には就かずに物理学に専念しているジュリアン・バーバー（一九三七年生れ）は、『時間の終焉』（*The End of Time, Oxford Univ.Pr. 1999*）のなかで、つぎのようにいう。

　ある瞬間に運動が見えると私たちが思うとき、動いていると知覚される対象のさまざまな位置に対応するデータを、その瞬間の脳がもっているというのが、本当のところなのだ。どの瞬間も、さまざまな「静止画」を同時に脳はもっている。脳は、データを意識へと提示するにあたり、何らかの仕組みで「動画再生」をしてくれるのである（pp.266-267）。

　「時が流れている」とわれわれが思うのは、ある種の錯覚であり、この世界は多くの静止画によってできあがっている。われわれが映画を見ているときのように、それらの静止画を、脳が動画再生してくれているだけなのだ。時間が流れているという錯覚を、みんなで創っているにすぎないのである。これが、現時点での物理学の結論だ。じゃ、時間は流れていないということになるのだろうか。

　だが、そもそも「時が流れる」って、どういうことなのだろうか。

3 生きいきした現在の謎

フッサール（一八五九―一九三八年）というたいへん意固地な哲学者がいた、もちろんいい意味で。大学の頃は、数学をやっていたのだが、哲学に目覚めてしまう。ひとりでとても難解な問題に立ち向かっていく。この人は、頭が良いとはとてもいえないけれども、とにかく闇雲に哲学の難問に突き進んでいく。その途次で、多くの鉱脈を探り当てる。この営為が、「現象学」というとてつもない潮流を巻き起こす。この哲学者が、晩年取りくんだのが、時間論である。その過程で「生きいきした現在の謎」といわれる問題と格闘した。これは、最初に書いた問題と同じだ。

フッサールによれば、私たちの時間の流れの中心には、「生きいきした現在」があるという。これがなんとも不思議な「現在」だ。あり方そのものが矛盾しているのである。私たちの時間の中心、つまり〈瞬間〉、〈いま〉、〈現在〉といわれるものを目指して、玉ねぎの皮をむくように過去や未来をそぎ落として、〈そこ〉に近づいていくと、〈そこ〉には何もない。

ベルクソン（一八五九―一九四一年）の比喩を使ってみよう。時の流れを炎だとすると（時間がすぎていくように炎は燃えつづける）、その中心である〈いま〉を捉えようとして、ナイフで炎を切る。すると、一瞬それらしい瞬間（切れ間）ができるけれども、あっという間に炎は、もとのように燃えつづけていく。何ごともなかったように、時は流れつづけ、〈いま〉は、どこにもない。

あるいは、大森荘蔵（一九二一―一九九七年）という人は、ヨウカンの例で説明する。当たりまえだが、ヨウカンは、横に長い。この長さを時の流れ（時間の幅）だと考えれば、〈いま〉は、どこにあるのか。〈いま〉は、ここらあたりだと考えて、これもまたよく切れるナイフで、ヨウカンをすっと切ってみる。だが、そこにあるのは、何もない空間だ。やはり〈いま〉は、つかまらない。この空間の両側に、ヨウカンの両端（切断面）はあるが、それは時の流れという塊の一部であり、〈いま〉はどこにもない。〈いま〉を食べることは、けっしてできないというわけである。時間の幅（ヨウカン）は、ちゃんとあるのに、それをつくっているはずの〈いま〉を突きとめることはできない。

「いま、いま、いま、いま……」と時は流れているはずなのに、その単位である〈いま〉は、絶対に現れないということである。このように、時の流れの源であるはずの〈いま〉をつきとめようとすると、〝無〟が現れるのに、その〝無〟が積み重なることによって、時は流れつづけている。このような不思議な〈いま〉を、フッサールは、「生きいきした現在」と呼ぶ。時の流れの源泉であり、「生きいき」しているはずなのに、よく探してみると、そこは、〝空っぽ〟なのだ。これが「生きいきした現在の謎」である。いったい、これは、どういうことなのだろうか。

Henri Bergson(1859-1941)

4 記憶の場

　そもそも時が流れていくというのは、どういうことなのだろうか。あらためて考えてみよう。わたしが時の流れを意識するのは、たとえば、小さい頃のことを思いだすときだろう。幼稚園の頃の写真を見て、時は流れたと意識する。この意識は、どうやって成りたつのか。たとえば、わたしが幼稚園の園庭で遊んでいる写真を、いまの自分（鏡に映るくたびれたおじさん）と比べることによって、時間が経ったことに気づく。

　つまり、当りまえのことだが、過去と現在との比較によって時は流れる。過去と現在という二つの要素がなければ、時は流れない。もっと身近な例で考えてみよう。本を読んでいて、コーヒーを飲みたくなった。コーヒーをいれる。その間に、また本を読みはじめ、あっという間に「時間が過ぎてしまう」。コーヒーのことを思いだし、冷めたコーヒーを飲む。このとき、コーヒーを自分がいれたことを覚えているから、コーヒーをいれた時点からいままで時が流れたことに気づくというわけだ。

　もし、コーヒーをいれたことをわたしが完全に忘れていたら、時は流れないだろう。その時には、冷めたコーヒーを不思議な気持ちで眺めることになる。なぜ、ここにコーヒーがあるのか、と思いながら。突然、コーヒーが現れた、と呆然と眺めるだろう。

　ようするに、時間が過ぎていくためには、われわれの「記憶力」が必要なのだ。記憶という能力を失うと、おそらく時は流れないだろう。ある種の「瞬間創造」の世界が現出するにちがいない。新しい事態が、恒常的にそのつど創造されていくことになるだろう。われわれの世界で、時が流れるためには、記憶がどうしても必要だ。過ぎ去ったことを記憶し、そのことを現時点の状態と比較し、時が流れたという。ずっと〈いま〉にいるはずなのに、記憶によって過去を保持しているというわけである。

だから、バーバーがいうような「静止画」が保管されているのは、記憶という貯蔵庫であり、そこにいき「静止画」をとりだし、「動画再生」して、われわれは、時間を流しているということになる。つまり、記憶能力というのは、「時が流れている」という錯覚を生みだす能力ということになるだろう。

ベルクソンは、『物質と記憶』（一八九六年）という本のなかで、「イマージュ」（image）というとても面白い概念を提出した。これは、英語で発音すれば「イメージ」で、フランス語でも、通常「イメージ」といっているものと意味は同じだ。だが、ベルクソンは、この語に不可思議な厚みを与える。

わたしたちが、身の周りのものを知覚するとき、かならず、そこに諸々の記憶を入れる。たとえば、白い花瓶が目の前にあったとしよう。その花瓶を知覚するとき、何の先入見も、どんな予備的知識もなく知覚しているわけではない。もし、そうだとしたら、その花瓶は、異様な「何物でもない」ものとして、こちらに迫ってくるにちがいない。実際は、「白さ」や「花瓶の形」「花瓶の質感」など、いままで自分が経験してきた「白い花瓶」にかかわる記憶を、眼の前の対象にかぶせているだろう。つまり、「異様な何物でもない」ものとして見るのではなく、「白い花瓶」として見るのだ。自分がよく知っているもの（「白い花瓶」）として知覚する。既知のものとして、安心して見るというわけだ。

このようにして成立した対象を、ベルクソンは、「イマージュ」と呼ぶ。だから、われわれが普段「物質」や「物体」あるいは、「対象」と呼んでいるものが、すべて「イマージュ」になる。知覚と記憶が融合した状態を「イマージュ」と呼ぶのである。このように考えると、われわれが記憶力をもっていないと、時間が流れないどころか、周りのもろもろの物を知覚することすらできないことになる。

こうして、わたしたちが、生きていくためには、「記憶」という能力が必要不可欠だということがわかるだろう。「記憶の場」とでもいうものを開かないと、日々の暮らしが動きださない。われわれは、まず自分の「記憶の場」を開き、さらに、他の人とたがいに「記憶の場」を交流させながら生きていく（そこで、記憶違いや共同体のコミュニケーションなどを調整していく）。わたしたちは、「記憶の場」のなかで時間が過ぎていき、そういう日々において、いろいろなる物体や存在とかかわりながら生きていくということになるだろう。すべては、「記憶の場」を基盤にしているのだ。

5 持続と能力

今度は、ウィトゲンシュタイン（一八八九―一九五一年）という哲学者の話をしよう。この哲学者が、面白いことをいっている。「本物の持続」（echte Dauer）という概念だ。「食べる」や「歩く」という動詞には、「本物の持続」がある。しかし、「できる」という動詞には、それがないという。これは、どういうことだろうか。

「食べる」や「歩く」という動詞で表された事態を実現するためには、具体的にお蕎麦を食べたり、八王子から新宿まで（結構な距離だが）歩いたりしなければならない。そして、それを実行すると、当然のことながら時間がかかる。そのような時間を「本物の持続」とウィトゲンシュタインはいう。食べたり、歩いたりすれば、「本物の持続」が経過するというわけだ。

ところが、それに対して、「できる」はどうだろう。「食べる」や「歩く」と同じ動詞なのに、「できる」は大きく性質を異にする。どんなに「できる」といっても、そのままでは、具体的に現れることはない。たとえばアメリカの友人が「私は納豆を食べることができます」といったとしても、そのこと自体は実際の時の流れにのることはない。「食べる」は「純粋な持続」をもつけれども、「食べることができる」は、もたない。「八王子から新宿だったら、一時間もあれば歩くことができる」と途方もないことをいう人がいても、それを証明するには、実際に歩いてみなければならない。歩くという「本物の持続」をこの人が経験しなければ、この人のいうことを誰も信じることはないだろう。

「食べることができる」「歩くことができる」と強調したとしても、「できる」という動詞は、「食べる」や「歩く」とちがって、「本物の持続」と縁がないので、この現実世界に登場することはない。「できる」という能力を表す動詞は、時間の幅（「本物の持続」）をまったくもっていないのだ。いいかえれば、能力と時間とは、お互い少しもかかわりあいがない。すれ違うことすらない無縁な概念同士といえるだろう。

たしかに能力を育成するためには、時間が必要だ。時間をかけなければ、その能力は発現しない。たとえば、現在のプロの将棋界では、どんなに才能があっても（そもそも、とんでもない才能がなければプロ棋士にはなれない）、一日八時間から一〇時間くらい研究している。トップ棋士になればなるほど、研究する。そのくらい毎日、時間をかけなければ、才能は発現しないし、維持もできない。このような事例を考えれば、やはり、能力と時間は、無縁ではないのではないか。

しかし、どうがんばっても、「才能」や「能力」が、そのままのかたちで、この現実世界に登場することはない。「才能」や「能力」は、具体的で個別の体験としてしか現れない。どんなに将棋の才能があるといわれたからといって、実際将棋を指して、いろんな棋士に勝たなければ、それは証明できない。たしかにプロ棋士になる前から（奨励会にいるときから）、藤井聡太の才能（とくに詰将棋）は、万人が認めていた。けれども、実際にプロ棋士になって二九連勝しなければ、その「才能」は、本当の意味で認められない。

「本物の持続」（時間の経過）における具体的な出来事（二九連勝）がなければ、「能力」は認められない。「能力」から「本物の持続」への方向線ではなく、「本物の持続」から「能力」への方向線しかないのだ。だから、やはり「時間」と「能力」は、接触することはない。あくまでも「本物の持続」つまり「時間」の方が先行しているし、そこにおいて、すべては決着がつくといえるだろう。

結び

さて、最後にまとめてみよう。現在の物理学の最先端では、時間は流れていないという結論が、どうもでてくるらしい。「時間が流れている」とわれわれが錯覚している可能性が高いというのだ。そして、その錯覚を成りたたせているのが、わたしたちの「記憶能力」である。つまり、記憶力が開いてくれる「場」で、われわれは生きている。「記憶の場」が根底にあるからこそ、わたしたちは、この世界を、この社会を創りあげ、いろいろな活動をしていくことができる。ようするに、記憶があるからこそ、時間が流れはじめるというわけだ。

しかし、そのように開かれた「記憶の場」のなかには、われわれの「能力」そのものは、登場しない。「〜できる」という事態は、そのままのかたちでは、この世界にけっして現れない。「能力」が、実際あるかどうかは、何も行動しなければ判定できないというわけだ。記憶に支えられた「場」で、「本物の持続」をもつ経験をすることによってしか、「能力」は証明できないのである。

時間の流れと「記憶力」は、不可分の関係だ。「記憶」という能力によって、時間が流れはじめるからだ。さらに、その場には、「能力」そのものは、でてくることはない。

能力があるから何かができるわけではない。何かができたということを確認して、さかのぼって能力の存在を云々《うんぬん》できる。つまり、「能力」というのは、事後構成的な概念だといえるだろう。あくまでも行為や経験が先にあって、あとから「能力」が確かめられるのである。

そうなると、「記憶能力」と普通の「能力」とは、どのような関係なのだろうか。まず、時間を流しているのは、われわれの「記憶」という能力だ。いってみれば、「記憶」によって世界は成立している。だから、この世界は、現実というよりも、「記憶」による仮想現実のようなものと考えられるかもしれない。「記憶」は、それぞれの人間にとって、曖昧であり、いろんな意味で限界があるのだから、共通で堅固な現実などは存在していないことにもなるだろう。

しかし、その「記憶の場」という「仮想現実」に、「能力」は、そのままでは登場しない。現実の世界で「本物の持続」（時間の流れ）をもって、べつの姿で現れる。だが、この「本物の持続」は、「記憶」によって創造されつづけているものだ。それでは、こう考えればいいのか。記憶という「能力」によってできあがった現実と、「能力」というけっしてそこには現れない概念がある。

現実を支える「能力」と、そこには登場しない「能力」とは、どのように関係しているのだろうか。この関係と〈いま・ここ・わたし〉という小部屋は、どうかかわってくるのか。その話は、また今度ということで。まだわたしにもよくわからないので……。

「時間」と「教育」と「わからなさ」と

池田賢市
いけだ・けんいち

中央大学文学部教授。前教育文化総合研究所所長。

「能力」について具体的に、そして経験的に考えていくと、いくつかのことが明確になってきた。まず、それが他者からの要求にいかにうまく応じたかによって測定されるものであること。また、「能力」はつねに個人で所有されるもの、そして、それがもつ価値に応じて何か（たとえば生活するうえでの諸条件等）と交換可能なもの、雇用主に高く買ってもらえる商品（付加価値）のようなものとイメージされていることなどがわかってきた。

同時に、その必然的帰結として、その「能力」の内容自体は、実はスカスカで確たる実体はなく、その時々の都合によって、つまり他者を評価しうる権力を保持している者の要求によって揺れ動くものであることもわかってきた。そこから、「障害」という分類も生み出されてきた。

さて、こうして能力論研究委員会において「能力」の姿に近づこうとしているときに、何度か、この「能力」と呼ばれているものの性質や問題点をより浮き彫りにしてくれる視点として「時間」というものがあるのではないか、という議論になった。「能力」が近代社会のなかでの学校を通じて人々を洗脳しようとしているのだとすれば、当然、近代社会の特質を考えざるを得ない。まさに「時間」への着目こそ、この点を明らかにしてくれるはずである。

「能力」を問うためには、「時間」についてその概念を確認しておかなくてはならない。そこで、中央大学文学部で哲学を教授されている中村昇先生に、このことについての議論を展開していただいた。それをふまえて、教育機関としての学校だからこそ、そこでの「時間」と「能力」の結びつきが、人間形成をどのようなものとして位置づけることになるのか。実際に学校で重視されている「能力」の性質を「時間」との関連で再整理してみたい。

時間割と排除の機能

時間と教育との関係は、いまでも一般的には黒板の横に貼られている「時間割」という存在そのものによって密接なものであることがすぐにわかる。学校で経験される時間は、時間「割」と表現されるように、必ず区切られている。「流れる」ものでもなく「測定」できるものでもない時間が、みごとに実体化されている。それは、「国語の時間」や「算数の時間」として提示され、しかも「国語の時間」には社会科の勉強をしてはいけないといったように、学校での「時間」はある特定のもの以外を排除することによって成り立っている。何を排除するかは、チャイムとともに入れ替わる。

時間を見ながら生きることを私たちは学校において学ぶ。しかも、なんとなく身についてしまうといった学び方ではなく、かなりきびしく意識させられる。遅刻は絶対に許されないし、チャイムが鳴っても席についていない場合には叱責される。宿題等の提出期限を守らないと、それがマイナスポイントとしてそのまま成績に反映されてしまう。このことからも、「時間」が一種の排除のシステムとして機能していることが分かる。

逆に、「しめきり」さえ守っていれば、その内容を問わず、高い評価を受ける。そこでは、少しでも正確に応えようとし、また少しでもよいものに仕上げようとする人間の営みは、「時間内」に達成されてこそ価値のあるものとされる。制限時間をこえてしまえば、一挙に価値は貶められ、かつ、その人の誠実な対応はかえって非難の対象となる。

学びの制限時間

これは、本当に驚くべきことだと思う。内容は二の次の教育って、いったい何をめざしているのか。いや、おそらく「しめきり」こそ、学習内容そのものよりも大切なのだ。子どもたちは、四五分間あるいは五〇分間で、一学期間で、またその学年の終わりまでに、そして学校を卒業するまでに結果を出さねばならないよう脅迫されている。それを少しでも過ぎてしまえば、それまでの過程のすべてが否定されかねない。

学びは、制限時間内になされてこそ価値のあるものとみなされている。たとえば試験時間が六〇分なのであれば、それはきわめて厳密に測られる。大学入試で二秒早く「解答やめ」の指示を出したことが公平性を崩す大問題として取り上げられ、試験監督者への懲戒も正当化してしまう。

秒単位で刻まれる「正確な時間」とは何であろうか。天文学の知見に頼りたくなるが、そもそも「時間」を測ろうとしていること自体が問われるべきなのだ。しかし、六〇分間と決められているのであれば、六一分でわかったとしても、もう遅いのである。人生一〇〇年時代などといわれながら、学校教育は、このようにつねにあわただしく子どもたちを追い立てていく。結果的に、設定された制限時間に間に合わなければ、高校や大学であれば、留年や中退を余儀なくされる。学校で付けられる「成績」は、実際には、指定された時間内に一定の成果を上げたことの証明だといえるだろう。ちなみに、私は小数点同士の掛け算を小学校の卒業式の前日に理解したのだが、成績表のなかでは、その掛け算は「できない」ということになっているはずである。

時計の非歴史性

このような時間制限（しめきり）は、数量化された時間、つまり「時計の時間」に基づいている。それは、規則性と反復性を特徴とし、どの人にも共通だとされる。したがって、「時間」はどの人にも平等に与えられているなどという言説がまかり通ってしまう。どの人も条件は同じなのだから、そのなかで努力したかしないかが結果の違いとしてあらわれる、と信じ込まされてしまう。その延長として、その違いに基づく就職の機会や賃金等の処遇の違いは、差別どころか、公正なものとして受け入れられていく。もちろんここでの「努力」の内容とは、他者の設定した時間内で指定された内容を習得し一定の成果を上げること（気に入られること）ということになる。現状への適応がめざされている。

しかし、時間の規則性や反復性は、私たちの経験に反しているばかりか、多種多様である自然界の現象にも反している。少なくとも私は、つねに、いまここにいる私として存在しているのであって、規則的で反復する時間の流れの中にいることは実感できない。そして、そのような、いわば合理的で完全な社会には、けっして歴史は生まれない。完璧に合理的で、規則的で反復的な社会においては、どんな変化も起こらないのだから。やや挑発的に言えば、時間厳守は歴史の否定となる。

機能としての人間

このような歴史のない社会においては、人間は完全に「機能」として存在することになる。時間が測定可能とされたように、その時間に従属して生きる人間もまた測定可能なひとつの機能となっていく。あるいは、時計によって時間が空間に置き換えられ測定可能となったのだから、空間を占めている人間自身も測定可能となる、ともいえよう。ひとり一人の人間には、合理的で完全な社会のなかで一定の役割を果たすことが期待されている。

その期待にどれほど応えることができるかどうか、その測定結果を、学校では「成長」と呼んでいる。その「成長」は時計のように規則的な性質をもつものなのだから、たとえば「一〇歳になれば〇〇ができる」といったような尺度の作成は容易であり、したがって時間制限も合理的だとされるわけである。どの子にも時間は平等に与えられているのだから。これによって「障害」という概念がつくられ、一定の子どもたちが分類され、排除されていくことは言うまでもないだろう。

このような人間像には、意外性があってはならない。つねに予測可能な人間であらねばならない。正確に役割を果たしていくことが重要なのであり、それは秒単位の時間によって完全に管理されていなければならない。近代社会は、まさにこのような人間を必要とし、それを学校においてつくりだそうとした。この人に任せておけば「間違いはない」、一定の成果を上げてくれるといった「予測ができる」、そういう人間がビジネスの世界では重宝される。それは、資本主義経済のなかでの文字通りの商売上の能力である。わずか数秒の違いで何億もの金銭がやり取りされ、大儲けもあれば破産もあるのだから。しかし、それが商取引の世界のことに限定されて形成されるのでは十分ではない。人々がそのような取引の世界の発想で生きていくことを当たり前と思ってくれなければ競争には勝てない。

ビジネスの脆弱性

これに対して、「意外性」こそがグローバル経済においては必要なのだとの異論もありうる。しかし、それもビジネスチャンスの広がりのなかでこそ評価されるのであり、また、つねにその「意外性」をどのように活かすかは他者が決めることであり、その他者がそれをどう利用しようとするかにかかっている。注文した商品がいつ出来上がるかがまったくわからないとか、商談の日時に来るかどうかはわからないといったことを前提にしたのでは、いまのビジネスは成り立たないだろう。実に脆弱な基盤の上でしか展開できないのが、いまのグローバル経済である。

だからこそ、時間によって合理化された能力観をすべての人の常識にしなければならないのである。本来は学ぶ権利保障の場として制度化されていたはずの学校において、きびしく時間厳守が教育され、それによる排除もありうるという不思議な現象は、このような事情によるのだと考えるのでなければつじつまが合わない。

「わからない」が正解

「能力」について再考するとは、わたしたちのなかに身体化されてしまっている「時間」を引きはがす作業をするということになる。その過程において、わたしたちは一度これまでの存立基盤を失う。そして、強烈な不安に襲われる。本当に「再考」してしまって大丈夫なのだろうか、仮に別の世界が思い描けたとしても、本当にそれで生活していけるのだろうか、と。これまでの「能力」が他者からの要求への従属であり、時計の時間に支配された機能に過ぎないなどとは信じたくない。だから、いままでとは違う生き方をしている人たちもいるのだという事例をいくら積み重ねても、それらはつねに「例外」として処理されてしまう。

こうしてわたしたちは混乱し、いったん「わからない」という結論に避難する。しかしこれは、「能力」について正しく思考した証拠でもある。資本の論理に利用されないような能力とか、自立した主権者としての能力とか、何か別の能力を立てて対抗しうると考えてはならない。素直に「わからない」という地点にたどり着く必要がある。そこは、これまでの「能力」の本性が暴かれ、その差別性が論じられる場所である。それは、「能力主義」の魔力から解放されるスタートラインとなる。

第二部

ああ、バートルビー！ああ、人間！

「できる－できない」に囚われず、誰もがつながりのなかで生きるとは

人とつながり、そのつながりのなかでより自由に安心して生きられる社会を、足もとから築いていくことを迫られている——工藤律子

たとえ資本主義社会であっても、そこに市場交換の論理とは異なる原理を基軸とする共同性を作り出すことは可能だ——松嶋建

社会は市場ではない。経済成長に資する人材としてではなく、能力主義の呪縛を解かれ誰もが人間する社会、人と人がつながりのなかで生きる社会を築いていきたい。そのための前提について、座談会会場を貸してくださった「おせっかい社かける」の施依依さんとともに考えあった。

池田賢市　いけだ・けんいち
中央大学文学部教授。

市野川容孝　いちのかわ・やすたか
東京大学大学院総合文化研究科教授。

伊藤書佳　いとう・ふみか
編集者・ライター。

工藤律子　くどう・りつこ
ジャーナリスト。

施依依　せ・いい
おせっかい社かける共同代表。
https://www.kakeru.fun/

松嶋健　まつしま・たけし
広島大学大学院人間社会科学研究科准教授。専門は文化人類学、医療人類学。著書『プシコ ナウティカ——イタリアの精神医療の人類学』（世界思想社）、共著『文化人類学の思考法』（世界思想社）、編著『トラウマを生きる』、『トラウマを共有する』（京都大学出版会）など。

市場を介さない関係と信頼

伊藤　菊地栄治さんから、「あいらぶ湯」の存在とおせっかい社かけるさんの活動についてうかがって、今日はあいらぶ湯をお借りして座談会ができることをとても楽しみにしてきました。お金のやり取りだけによらない関係を生み出すような活動をされているというところが、工藤律子さんが報告書で書かれているスペインの時間銀行の試みなどにも共通するなあと思って、まず、施さんたちの活動についてお聞かせください。

施　「おせっかい社かける」は、常識に囚われず、みんなが笑顔になるような面白いこと＝「じょもろいコト」を仕掛けるお節介なプロデューサー集団で、「あいらぶ湯」はその活動拠点です。ここでは毎週金曜に、互いの大好きなことについてだけ語り合う会員制のバーを開いています。会社勤めの方から起業家、高校生まで、いろんな属性の方が来ます。たとえば最近では、「漫画・ジョジョらぶ」「ファッションらぶ」などをテーマに開きました。ふだんの会話だと、「何の仕事をしているか」といった話題から入ると思うのですが、それではその人の一面しかわからず、社会的な役割に縛られたままで、型にはまった会話になりがちです。なのでここでは、スマホは封印し、名刺交換も仕事の話も禁止。ふだんの肩書きや役割から解放されて、互いに素の自分で向き合う。そんな、いわば解放区としてつくった場所です。

もともと自分たちが仕事でやっていたのは、いわゆる創業支援（起業家や起業を志す人が新しく事業をつくる際のサポート）です。起業家のみなさんそれぞれ、自分がやりたいことで起業するのですが、やっていくうちに「経営者たらねば」「周りの期待に応えねば」などと、次第に資本主義の枠組みや役割にとらわれてしまい、「この事業を通じて自分が本当にやりたいことは何だったんだっけ？」となることがある、と気づきました。それで、自分がやりたいことや、好きという気持ちをきちんと認識し続けることはとても大切だな、と思って。結局、好きなことじゃなきゃ続かないんですよね。そういう気づきから、生まれた活動です。

松嶋　「あいらぶ湯」ということは、このどこかにお風呂があったりするんですか？

施　いいえ、肩書や役割を脱いで裸になるということから、お風呂に例えました。テーブルがちょっと高めなのも、湯船の高さにしているからなんです。ゆったりお風呂に浸かって、湯船の淵に寄りかかりながら、おしゃべりするようなイメージで。

松嶋　フィンランドのサウナと似ていますね。フィンランドでは、サウナは伝統的に男女混浴で、しかも皆裸で入るものだったんです。裸になることには、社会的な役割や仮面を脱ぎ捨てるという意味があり、それがサウナのもともとのコンセプトだったのです。いまでは、男女分かれているのが普通で、しかも効能としては、血行がよくなるといった健康に関することばかりが取り上げられますけどね。

施　あいらぶ湯に置いてあるものも、すべてみんなの好きなものだけ。ここに来る方には、一冊ずつ自分が好きな本を持ってきてもらい、みんなが読めるように並べています。ポスターや置物なども、誰かが持ってきてくれた、その人の好きなものです。

松嶋　いろいろな活動をされているみたいですが、スタートアップ事業の一つとして、ソーシャルファーム（※1）のようなものをやっておられるわけではないのでしょうか？

施　今は地域で小商い、自分で何か新しく始めたい人の創業支援と、そのコミュニティづくりもやっています。小商いとは、自分の好きなことから始めて、自分も自分の半径数百メートルの人たちも笑顔にするようなもの、と私達は考えています。一億円の事業を作り出すヒーロー一人でなくとも、百万円規模の小商いをする人が百人いれば、地域に同じく一億円の経済規模が生まれます。しかも、新たな繋がりも生まれる。

たとえば、二〇一八年から秋田県湯沢市の創業支援をご一緒しています。湯沢は発酵文化が盛んで、家ごとにお味噌を仕込む文化が残っています。今は自分の家で仕込まなくても、麹屋さんやうどん屋さんなどにお願いすると、自分の家の配合で仕込んでくれます。だから、味も家ごとに全然違うんですよ。そこでプログラムの中で、家ごとのお味噌食べ比べというアイデアが生まれました。実際に三人のおばあちゃんのお味噌をいただき、お味噌汁を作って食べ比べしてもらう企画を、東京でやりました。これはまさに、すごく儲かることはないけれど、湯沢と東京に新たな繋がりを生み出す小商いです。

「おせっかい社かける」の名前の由来は、自分たちが起業家支援をしてきた中で、自分の好き・やりたいことをないがしろにして「社会のため」とだけ言うのは、正しさを押しつけてしまうことがあると気づいて。「好きでおせっかいでやってる」くらいが謙虚になれるし、ちょうどいい。それで「おせっかい社」と名づけました。「かける」は、何かと何かを掛け合わせることから来ています。

松嶋　いわゆる「手前味噌」ですね。それぞれの家に違った菌が棲んでいるので、同じ湯沢といっても家によってほんとうに違う味になるでしょう。

そういった試みには、小商いもそうですけど、市場を介さないような回路を作り出したいという思いがあるのでしょうか？

お金を介して目の前の人と相対で商品やサービスのやり取りをするだけでは、途切れてしまうような関係性がある――施

施　いわゆる経済資本だけではなく、信頼資本を大切にし、増やすような活動をつくりたいですね。お金を介して目の前の人と相対で商品やサービスのやり取りをするだけでは、途切れてしまうような関係性がある。それに対して、人と人のつながりを新たに生み出すのが、わたしたちがつくりたい小商いの本質です。経済資本だけじゃなく、信頼資本を生み出す小商いというのをつくっていきたいなと思っています。

松嶋　「あいらぶ湯」でもやっておられるんですか？

施　まだやっていないのですが、お金じゃないもののやり取りを試してみたいなとは思っています。好きなものや差し入れを持ってきてもらい、みんなで共有するというのも、その一環です。また、以前に実験したのは、お金ではなく言葉

を支払ってもらうという企画です。お酒を注文したら、そのお酒に合うと思う言葉を書いてもらうんです。たとえば、ジントニックを頼んだら、ジントニックで自分が思い浮かぶ言葉を紙に書いて、お代として支払っていただく。

松嶋　そういうふうにした場合、受け取られないような言葉も、時としてあるんですか？

施　もちろんすべて受け取ります。いい言葉をたくさんもらって嬉しくなりますし。それを貼り出して、「なぜこれが思い浮かんだんですか」などを聞いて、話をしていきました。

I would prefer not to ～そうしない方が好ましいのですが

伊藤　さきほど施さんが、お金によらない信頼資本というお話をされるのを聞いていて、それはとてもおもしろそうだなと思うと同時に、この能力論研究委員会で常に考え続けてきたバートルビーという小説の主人公のことが頭に浮かんでいました。たとえば、信頼関係が築きにくい状況が人によって生じたりすることってありますよね。お金の世界でもダメだし、お金じゃない信頼関係の世界でも受け入れられない。そういう場合は、どうしたらいいんだろうと。

市野川　松嶋さんのおかげですが、この研究委員会では、バートルビーがとても気になりました。

伊藤　そうなんです。能力研では、能力について考えるときに、ハーマン・メルヴィルが一九世紀（一八五三年）に発表した短編小説『バートルビー――ウォール・ストリートの物語』（※2）に出てくる主人公・バートルビーのことを考えながら議論してきました。報告書にバートルビーのことは出てきていないのですが、常にバートルビーとともにあったといっても過言ではない気がします。

松嶋　今日電車で来るとき、これまで読んだ訳とは違う柴田元幸さんの訳による『書写人バートルビー――ウォール街の物語』（※3）を読みながら来たんですが、以前に読んだのとはだいぶ違う印象を受けた部分もありました。

伊藤　バートルビーは、ウォール街にある法律関係の書類や裁判の資料を作る事務所で書類を書き写す仕事をしている人です。この小説の語り手である事務所の所長曰くバートルビーは、「生気なく小奇麗で、痛々しいほどきちんとした、癒しようもなくよるべない人！」（柴田訳）

だそうです。また、着実な仕事ぶりで驚くべき量を日夜書き写し続けるのですが、所長から頼まれる書類の読み合わせ仕事やおつかいなどは、「そうしない方がいいのですが」と言って、静かに拒絶する。

市野川　「I would prefer not to」ですね。

松嶋　柴田訳では「そうしない方が好ましい」でした。

伊藤　で、そんなバートルビーが事務所に泊り込んでいることが発覚するんです。ある日曜日の朝、教会へ行くのに早く着きすぎた所長が事務所へ寄ったところドアの鍵穴に何かが詰められていて鍵が差し込めない。驚いた所長は中に向かって声をかける。すると、中から幽霊のようにバートルビーが顔を出した。そして所長に向かって、「いまのところ中に入れない方が好ましい」と言う。所長はおとなしくその言葉に従って外をうろうろして待つんです。そうこうして日が経つうちに、ついには書写の仕事もやらなくなり、なんの仕事もしないまま、しっかり事務所に二四時間居ついてしまった。

松嶋　そのうちに所長や事務所のほかの職員も、「〜の方が好ましい」と自分でも気づかないまま口にするようになっていく。バートルビーの言葉遣いが伝染るんです。

施　えー、それはこわい。

伊藤　そう、所長もこわいと思うようになっていきます。でも、キリスト教徒である所長は、「バートルビーも私も同じアダムの子だ」と言って、バートルビーを少し気にかけるようなところもあり、無下に叩き出そうとはしない。だけど、このまま居てもらおうというほど腹が据わっているわけじゃない。結局、解雇するから六日後に出て行ってくれと言い渡すんです。しかし、当日になってもバートルビーは、居る。そこで未払い分の賃金十二ドルに加えて二十ドル渡すから出て行ってくれと。それでもバートルビーは、「そうしない方が好ましいのですが」と言って、出て行かない。

お金の世界でもダメだし、お金じゃない信頼関係の世界でも受け入れられない。そういう場合は、どうしたらいいんだろう——伊藤

市野川　それでバートルビーを追い出すのではなく、所長の方が事務所を引っ越すことになる。

施　すごいですね。じゃあ、事務所にはひきつづきバートルビーが居続けるということですか？

松嶋　それが居続けられない。所長は貸しビルの一室を事務所にしていたので、別の法律家が新しくその部屋を借りることになります。事務所に居座るバートルビーに手を焼いたその法律家は、「あそこに残していった男の責任を取っていただきませんと」と所長の新事務所を訪ねてきます。所長は、「赤の他人ですし、責任を取れと言われても困る」と答える。法律家は、「では私が片をつけましょう」と言って帰って行き、バートルビーは事務所から追い出されてしまう。しかし、追い出されたバートルビーが今度は、ビル全体に居つくようになって、階段の手すりに座り込んでいたり、入り口で眠っていたりするようになる。そこで困り果てたビルの賃借人たちとオーナーが、「これじゃ客が寄り付かなくなる、いますぐ男を連れて行ってくれ」と大挙して所長のところに押しかけてくるんです。

伊藤　それで所長はしかたなく、またバートルビーを説得に元の事務所まで出かけるのですが、バートルビーは「動かない方がいいのです」と言ってやはり聞き入れてくれない。所長は、やるだけのことはやったとして帰ってしまいます。最終的には、ビルのオーナーによって警察が呼ばれ浮浪者として連れて行かれる。小説には、市の拘置所や刑事裁判所がある「墓場」って書いてあったけど、どこに連れて行かれたんですか？

市野川　刑務所に入れられるんです。

松嶋　ちょうどトータル・インスティテューション（全制的施設）型の刑務所がニューヨークに初めて造られた時で、その刑務所にバートルビーは入れられるんです。

伊藤　そこで食事も拒否して、亡くなってしまう。

松嶋　刑務所に出入りするお弁当屋さんがいて、気になって様子を見に行った所長が、銀貨を渡して手に入る限りの最高の食事を用意してほしいと頼むのですが、バートルビーは結局それも食べないのです。

施　そうしない方が好ましいというふうになっていく思考についての示唆なんですかね。

市野川　その理由がわからないんですよ

ね。

伊藤　バートルビーは書写の仕事に好んで就いたわけではなかったんですよね。亡くなったあとに流れたバートルビーについての噂によれば、配達不能郵便取扱課の下級職員だったのが、上層部が交代したために突如解雇されてしまって、書類を書き写す仕事を始めることになったということらしいから。

市野川　配達不能郵便＝デッドレターと書かれていましたね。

松嶋　宛て先不明で戻ってきた手紙のうち、送り主に返送しても行き先不明で返すことのできない手紙を仕分けして、焼却処理するのがもともとの仕事だったようなんです。

施　バートルビー自身も行き先不明になるみたいなことなのでしょうか。

松嶋　社会の中でどこにも居場所のない存在として語られているところはあると思います。

市野川　つまり、宛先の人に届けられない郵便を死の世界へ配達するという仕事をさせられていたということですよね。

施　すごい話ですね。

市野川　こうして私たちがあらすじを話しても、この小説のすごさはほとんど語れていません。実際に読んでみるともっとおもしろいと思います。

現実に存在するバートルビー

松嶋　しかも、現にバートルビーのような人が実際に近くにいるということがあったんです。

伊藤　はい。いまでは私の友人なのですが、この研究委員会が始まった時期に「そうしない方が好ましいのですが」を地でいく状況に在る人と出会ってお手伝いをすることになり、現実の課題として切実に考える必要が出てきたところもあります。その人の場合は、もともと自宅のある集合住宅の中の共有スペースにずっと居続けていた。

それで実際に「そうしない方がいい」ということを言われると、つながりが持続しづらくなってしまうということが起きますよね。約束しても現れなかったりすると、多くの人は信頼しなくなってしまう。会いたくないのかなとか、迷惑かなと思ってしまったり。もちろん現実のバートルビーの方もそういう人たちを信頼しなくなってしまう。

どういう社会だったら、バートルビーが「食事をしない方が好ましいのですが」と言うことなくいられるのか——伊藤

松嶋　信頼資本そのものが成り立たないと。

伊藤　そうなんです。そういう状況だと成り立たない信頼資本じゃなくて、それでも成り立つ信頼資本だったらいいな、と。それを資本と呼ぶのかどうかはわからないのですが。

松嶋　それは一体どんなイメージになるんでしょうね。

伊藤　信頼の幅とか奥行きとかがもっとどーんと広がった感じ、新しく組みかえられた信頼という感じでしょうか。

　たとえば、仕事をせずに事務所に居ついてしまったバートルビーを排除したいと考えるのではなく、所長も事務所を引っ越さずにバートルビーがいるなかで仕事をする、近所の人や事務所に来る人も「あいつをなんとかしろ」と興奮したりしないイメージ。それは、バートルビーに対して人びとが寛容になるといった一方向的な不遜によって包摂されるということではなく、おたがいに居合わせられるというイメージです。

　どういう社会だったら、バートルビーが「食事をしない方が好ましいのですが」と言うことなくいられるのか。それが課題として残っていると思うんですよね。

市野川　それが第二部のテーマなんですね。

伊藤　はい。能力研では、誰にでも何かしら能力があるとか、自分のやりたいことを見つけて生きられればいいとか、できないからといってダメじゃないんだとか、できることをすればいいんだといったことではなく、能力や能力主義を問い直そうとしてきた。できるけどそうしない方が好ましいというバートルビーが問うていたものについて考えて、バートルビーが生きられる社会について考えてきたと思うんですけど、報告書ではバートルビーのことを出すところまでいけなかった。

　報告書の「おわりに」で、池田さんが「「できるようになる」ための問いは多くの人の支持を集めるが、そしてそのために公費が投入されることもありうるが、「どうしてできないといけないの？」という問いは、おそらくその意味が理解されないまま（あるいはわがままなこととして）放置されていた」と書かれていて、

まだ、いまの段階ではこの問いが社会のなかで放置されています。

　バートルビーを助けたいというおこがましい話ではなくて、「そうしない方が好ましいのですが」と言われたときに、その意味を考えるというか、そう言われた側のほうの問題を考えるというふうにできないか、と。困っている人が困っていると言えて、ある条件を満たしたうえで成り立つ信頼関係をお互いに築いて、何かをしてあげたり何かをしてもらったりするという場に全員に入ってもらおうという発想じゃなくて、そういうふうにしない人もいること前提で築かれる信頼関係を模索したいというか。

池田　どういう問いが受け入れられて、どういう問いは無視されるのか。その前提として、「問い」を成り立たせている社会関係のあり方がもっと問われなくてはいけないと思います。

松嶋　信頼資本というのもその名の通り資本ですからね。だからこそ、能力研の報告書で私は、「能力」というコンセプト自体が近代の市場における等価交換とじつは深くかかわっているのではないかということを書いたわけです。貨幣を介した交換だけでなく、さきほどのお酒の対価を言葉で返すという例まで含むような広い意味での等価交換、こうした関係性を人類学的には互酬性と呼びますが、それもやはり交換モデルの枠内にある。価格が付いているわけではないけれども、これくらいのものをもらったから、それ相応のものを返さなければならない、という負債感や重荷として感じられる義務の感覚が互酬性を支えているのであり、その背後には広い意味での等価交換の感覚があると考えられます。そうした等価交換のモデルに基づくのではない関係性とはどのようなものなのかを考えることを通して、教育の現場における能力主義を批判するだけではなく、社会全体がいまどういう仕組みで動いているのかを明らかにすることが大事だと思うんです。そのとき常に、バートルビーみたいな存在をどこか頭の隅に置いておかないと、いい感じの地域通貨のような事例で終わってしまうと思って議論をしてきたわけです。確かに信頼資本というのは面白いし、できるだけ多くの人にどんどんやってほしいとは思いますが、同時

「能力」というコンセプト自体が近代の市場における等価交換とじつは深くかかわっているのではないか――松嶋

にその外も考える必要があると思うのです。

施　そうですね。

資本主義社会の「常識」、「普通」を超え出ていくということ

池田　現実のバートルビーは、集合住宅の半屋外になっている共有スペースに居るんでしたよね。共有スペースにいるんだから、バートルビーのスペースにすればいいじゃないかとも思いますよね。だれのものでもないんだから。

松嶋　そこは難しい問題です。たとえば入会地のような場所には、逆にルールがたくさんあるわけですから。

池田　確かに、入会地の場合は、みんなのものですからね。とは言っても、その「みんな」の中にその人も入っているわけですから、その利用の仕方はけっこう複雑になりますね。

伊藤　でも、現実のバートルビーがやっていることは、つまりはスクワットなんです。日本で数少ない占拠運動。

工藤　スクワッターと言えば、大抵は集団なんだけど、一人でやってるから余計にたいへんですよね。

伊藤　そうです。日本はいま、集団でやる運動が活発でないから、占拠するのもひとり、抵抗運動といったら部屋にひきこもってひとりで展開するみたいなかたちになってくるのだと思うんですよね。

市野川　でも、二十年以上前のことですが、山谷からちょっと行ったところにある白鬚橋の近辺は青テントでいっぱいでしたよ。バブルが崩壊したあとに急増したように記憶しています。

松嶋　何年代のことですか？

市野川　九〇年代の中頃かな。青島都政で排除されましたが、それまでは相当あった。公的な空間を公的に占有したという感じもあった。いま現実のバートルビーは一人の闘いだけど、ずっとそうだったわけでもないと思います。

伊藤　閉め出されて集団ではいられなくなっているということもあるのでしょうか。

　ひとりで闘う現実のバートルビーも、占拠していた場所から出て行かなければならなくなって、いまは住まいを得て暮らしています。ホームレス支援をしている人、障害者の自立生活をサポートしている人、ひきこもりの当事者会、弁護士、

キリスト教教会関係の人……、この能力研も含めてたくさんの人との出会いとつながりによって一人で暮らせる住居が見つかりました。なかには現実のバートルビーに惹かれる人もけっこういて、私もそのひとりなわけですが。ただ、その過程でも、相談に乗ってもらう人との約束に現れないということなどがあった際に、「待ち合わせに来ないということは、ほんとうは解決を望んでいないんじゃないか」「路上のほうがいいのではないか」とか、「自身の意思を聞かせてもらわないと、こちらもどうにもできない」という葛藤が生じる場面もありました。

でも、おたがいに相手との関係を切らなかったことと、時間を守るとか時間に間に合うということを重要視しなくなっていったことで、ちょっとずつ対話が生まれるようになりました。

そこで思ったのは、本人がどうしたいかということを、時間を切り取った場面のようなところで言ってもらうのは難しいというあたりまえのことなんです。相談の時間を一時間取って、「で、どうしたいと思ってるの？」と聞くようなときには、うーんと黙っていても、終わってごはんを食べているとき、帰り道歩きながらとかにフッとどうしたいかということが出てきたりする。また、どうしたくないかについて話したり聞いたりするのも大事ですよね。もちろん、本人の意思がすごく大事なのは当然だけど。

市野川　障害者の自立生活も、それなりの決心や覚悟と強い意志がないとできないというところもありますね。

伊藤　強い意志がないと障害のある人や路上で生活していた人が、地域で一人で暮らせない社会になっているからですよね。

工藤　現実のバートルビーは、どうして退去して移動することにしたのでしょうか。

池田　その場所に居続けなかったわけですよね。ある意味、その決断には、かなり強い意志が働いているのかもしれませんね。移動を決心させるだけの何かがあったということなのかどうか。なぜ、移動したのか。

伊藤　どうしてだろう？　そこに居続けているのは、ＳＯＳを発しているからだとも言っていました。でも、排除しようとする集合住宅の住人たちが最終的に法的措置を取ると押し寄せてきて、ＳＯＳは届かなかった、殺されるんだと思ったそうです。それで、もうがんばれないと言われたんです。だから、生きようと思う気持ちがあったからということかもしれない。

工藤　せつない話ですが、現実のバートルビーは、小説のバートルビーよりはまだ、私たちにもわかる言葉で語っている気がします。

松嶋　小説の方のバートルビーは、何しろ文学史上の謎ですからね。

伊藤　アメリカ文学の研究者である渡辺信二さんが、「バートルビーの倫理と資本主義の良心――叙述トリックを解く」という論稿（※4）で、バートルビーがウォール街を離れないのは、資本主義への批判のためだと書いていました。でも、語り手の所長は、バートルビーが普通の人間性では理解できない何かがあるということは理解できるが、普通の人間性を超え出てゆくことが出来ない。結局、彼の「普通の感覚」ないし「常識」が、バートルビーを精神病者と規定し、彼から離れろということになる、と。

「狂気が歓待される場」を創ることができれば、誰もがずっと人間らしく生きられるんじゃないか――工藤

工藤　バートルビーを読んだ時、最後は食事まで拒否して餓死するという彼の人生を、実は私、それほど悲惨というか、かわいそうだとは思わなかったんです。「文学史上の謎」なので、真意はわかりませんが、少なくとも彼は、現実のバートルビーのような人みたいに、「もうがんばれない」と言うこともなく、最後の最後まで「そうしない方が好ましい」という自分のありようを押し通すじゃないですか。それは死の選択となってしまうわけだけど、それでも彼自身にとっては、意志を曲げるよりは幸せなことなんではないかと。

　もちろん、彼は自分の生き方というか、ありようが受容されず、そのために死に至るという不幸を背負っていますが、それ以上に、何よりの不幸は、社会の側に彼のありようを受け入れる意思や柔軟な感覚が育まれていない、ということじゃないかと思いました。

伊藤　ほんとに、その通り。それが不幸。社会の側のありようが問題にされなきゃいけないと思う。

工藤　報告書でも書きましたが、スペインで精神障害を持つ人たちとともに、精神科病院を飛び出して労働者協同組合（現在はヨーグルト生産が中心事業）を作った心理士のクリストバル・コロンさん夫妻は、言っています。精神障害者を「狂気の人」にしているのは、「周囲の反応」。つまり、障害を持つ人は、周りがいかにも変だというふうに見て差別する

から、問題から抜け出せなくなるんだ、と。本当は誰にだって、とんでもなく混乱する時、狂気に陥る時があるんだから、そんな時でさえ、その人が同じ人間であることに変わりはないんだと皆が理解して、「狂気が歓待される場」を創ることができれば、誰もがずっと人間らしく生きられるんじゃないかと。

　社会がその「場」となることこそ、本当の意味で、つながりで生きる社会、誰もが人間する社会をつくるために、必要なんじゃないでしょうか。

松嶋　「狂気を歓待する」というのはもともと、イタリアの精神医療改革にたずさわったフランコ・バザーリアたちの考えから出てきたものです。「狂気」は近代になると「精神疾患」「精神障害」というものに置き換えられ、医療化され、「理性」によって理解可能な範疇に押し込められてきました。バザーリアはこれを転倒させ、「精神疾患」を括弧にくくることで、「狂気」を「病気」から解放しようとしたのです。それは「狂気」を「理性」と同等なものとして受け入れるということを意味します。

> 能力主義から解放された新たな社会には、精神疾患という医学的理解を超えるような狂気を歓待する余地が必要――松嶋

　ですからイタリアで、精神的困難を抱えた人に「主体性」を返還するという実践がなされた時、それは、社会はそのままで精神障害者をそこに包摂するということでもなければ、社会的な規範や正常性のモデルに再び復帰して従属的主体になるということでもなく、従来の枠から外れる新たな主体として生成することを可能にする場の創成を意味していたのです。哲学者のピエル・アルド・ロヴァッティはこうした主体を「遁走する主体」と呼んでいます（※5）。

　バートルビーは、この「遁走する主体」を体現していると言うこともできるのではないでしょうか。バートルビーは、所長が繰り返し口にする「普通の（common）」行動様式からすれば理解不能な行動をなし、所長が示すキリスト教的・父的な慈悲からも遁走します。でも工藤さんが言うように、それは悲惨でかわいそうなことではない。哲学者のジル・ドゥルーズはバートルビーの死についてこう書く。「旅を妨げられるなら、彼の居場所はもはや監獄しかなく、彼はそこ、ソローに言わせるなら、「自由な人間が名誉を守って生きられる唯一の場所」で、「民事上の不服従」のために死ぬ」

社会的な規範や正常性のモデルに再び復帰して従属的主体になるということでもなく、従来の枠から外れる新たな主体として生成すること――松嶋

のだと（※6）。

統合失調症という診断を受けた人のなかには、「普通の大人」よりずっとまっとうでまともだと感じる人がいます。そこから見ると、「普通の大人」の方がよっぽど狂っている。狂気はまさに、遁走する旅を妨げようとする社会の側から生み出されるということなのです。だから、「緊張病と食欲不振症の徴候を示していても、バートルビーは病人ではなく、病めるアメリカの医者、呪医」なのだとドゥルーズは言うのです。

能力主義から解放された新たな社会には、精神疾患という医学的理解を超えるような狂気を歓待する余地が必要です。バザーリアはそれこそが、ある社会が「市民社会」であるための条件だと喝破したのです。だからこそバートルビーは、私たちが新たなかたちで「人間する」ための予徴のような存在なのだと思います。

会場／東京・あいらぶ湯

※1　障害者や労働市場で不利な立場にある人々の仕事を生み出したり、支援付き雇用の機会を提供するビジネス。

※2　いくつかの翻訳がある。『幽霊船』（岩波文庫）、『書記バートルビー／漂流船』（光文社古典新訳文庫）などに収録されている。

※3　『アメリカンマスターピース　古典篇』（柴田元幸翻訳叢書／スイッチ・パブリッシング）所収。

※4　フェリス女学院大学文学部紀要 = Ferris studies (51), 227-251, 2016-03

※5　『いますぐ彼を解きなさい―イタリアにおける非拘束社会への試み』（ジョバンナ・デル・ジューディチェ著／ミネルヴァ書房、二〇二〇年）の第8章を参照。

※6　「バートルビー、または決まり文句」『批評と臨床』（河出文庫、二〇一〇年）所収。

連載

モラ鳥編む

第十六回

幽霊を生み出すシステムを暴け

日本女子大学大学院生

是恒《これつね》香琳《かりん》

一九九一年生まれ。日本女子大学大学院文学研究科史学専攻に在学。著書に『日本女子大学生の世の中ウォッチ』（パド・ウィメンズ・オフィス）。切り抜き情報誌『女性情報』にて「井戸の果てからこんにちは」連載中。

挿画

小川かなこ

拝啓、幽霊仲間へ

大きな顔をした大人たちの間を、幽霊が歩いている。「オンナコドモ」と呼ばれる幽霊だ。

大人たちには幽霊の姿が見えず、言葉もよく聞こえない。けれども、存在に気付いているし、怖がっている。だからこそ、「オンナコドモ」が騒ぐと、「コドモのくせに」、「世間知らず」だとか、「オトナが裏で糸をひいている」、「陰謀だ！　利用されている！」などと一生懸命に罵って、退治しようとする。

幽霊は、勝手に現れたわけではない。「一人前」と見なされない存在が意見を言ったり、情報を要求したり、状況を説明し抗議したりする、公的な仕組みが、この社会に欠けていることの証に他ならない。つまり、誰かを黙らせておきたい差別社会が、「オンナコドモ」という幽霊をつくっている。

こんなオカルト話をしているの

は、他でもない、妖怪「オンナコドモ」とされた人たちに、こう呼び掛けたいからだ。今こそ自分自身について語り、公然とその姿をみせ、「オンナコドモ」という怪談をぶち壊そうではないか。「オンナコドモ」ではなく、物言う人間なのだと宣言しようではないか。金がなくても、肩書きがなくても、国籍がなくても、名前がなくても、言葉が話せなくても、犬や猫や魚であったとしても、自由と尊厳ある人間なんだと知らしめようではないか。

幽霊がつくられる時

物言わぬ幽霊は、どんな時つくられるのか。例えば、コピーライターの糸井重里さんは「そうか。犬も猫も、告発したりじぶんこそが正義だと言い募ったりしないんだ。ああ、大好きだ、あなたたち」（二〇一二年一〇月一二日、twitter）と書いた。

犬や猫と暮らしたことのある人なら、この言葉が嘘だとすぐわかるだろう。犬も猫も激しく主張する。うちの猫は不満なことがあると、枕の下や靴のなかに糞をし、仕返しをする。犬の方も水がほしいと、派手に皿をひっくり返し合図する。猫も犬も許可なく腹をでたりすれば、ガブリと噛む。散歩や餌を当然の権利として要求するし、失礼な行為には怒るのだ。

糸井さんの会った犬や猫だって同じはずだ。しかし、彼は聴く耳をもたない。なぜなら、犬や猫が好きなのではなく、物言わぬ存在として、犬や猫を扱いたいだけだからだ。

同様に、物言わぬ存在として女性を扱いたい人もいる。WiMN編著『マスコミ・セクハラ白書』（二〇二〇年二月一五日）には、そういう大人がわんさか登場する。例えば、ある女性記者の話だ。彼女が原稿を書いていると、突然、上司に背後から腰のあたりを掴まれた。以前から、何かと気持ち悪いちょっかいを出してきていた人物だ。当然、「セクハラですよ！」と怒った。ところが、その上司は報復を始めた。仕事を妨害し、彼女が懸命に取材して書いた原稿を紙面に載せなくなったのだ。

この人は部下と仲良くなりたかったわけではない。女性を物言わぬ存在として扱いたかっただけだ。ところが、彼女が告発したため、腹を立て、嫌がらせを始めた。組織から与えられている地位と力を私的に利用、彼女の仕事を無視し、お前は幽霊なのだと思い知らせようとした。

小学校の時、クラスメイトが幽霊にされた。ある日、彼が絵を描いていると、先生が勝手に手を加えた。その子は何も言わなかったが、以後、絵を描かなくなった。先生に注意されると、やる気がなさそうに、適当に筆を動かす。先生への抗議だ。誰だって自分の絵を勝手にいじられたら、腹が立つだろう。しかし、先生はそうは思わなかった。その子を問題児とみ

なし、目のかたきにした。彼はますます絵を放棄し、立ち歩くようになった。先生は悲しげにしていたが、ある時、その子の胸ぐらを掴み、段ボール箱に押し込んだ。

　この先生も、さっきの二人と同じだ。教えることが好きなのではなく、自分を先生気分でいさせてくれる子どもが好きなのだ。だから、子どもの当然の抗議を敵視し、幽霊として封印しようとする。善意を否定された被害者のように振る舞い、報復する教師は少なくない。

他の幽霊の声を聞く

　文章を書くことは、自分を幽霊に仕立てようとする大人に対して、異議申し立てをすることだ。その申し立ては、自分だけの闘いではない。同じように幽霊扱いされている存在の力にもなるはずだ。そう信じたい。

　しかし、他の幽霊の存在を意識して異議申し立てをしたつもりが、負に働いてしまうことがある。幽霊づくりに利用され、いつの間にか自分自身が幽霊をつくってしまうのだ。例えば、こんなことがあった。

　在日コリアンに対して差別発言や嫌がらせをしている人たちがいる。かつて私は、その人たちを無理矢理に制止することで、彼らを物言えぬ幽霊にしてしまうのではないかと考えた。だから、なぜ差別してしまうのか言い分を聞き、穏やかに説得すべきだと思ったのだ。そう友人に話すと、友人は怒った。在日コリアンを人と見なさない差別行為を言論扱いし、言い分に耳を傾けることは、差別を黙認することだ、と。「むしろ在日コリアンの言葉と、まずは向き合うべきではないか」、と。

　あやうく幽霊づくりに加担するところであった。

　幽霊は「オンナコドモ」だけではない。他にも、「ガイコクジン」、「ショウガイシャ」、「ホームレス」、「ヒキコモリ」など、幽霊扱いをされている人たちはたくさんいる。

　人を幽霊扱いする加害者が、同時に誰かから幽霊扱いされていることだってある。だが、差別やいじめをしている人間が別の差別や暴力を受けていたとしても、それぞれの差別に対して抗議すべきであり、他の差別やいじめを許す理由にしてはいけない。

　だからまずすべきことは、自分自身や目についた存在の他に幽霊はいないかと、目をこらすことだろう。そして、声をじっくり聞き、誰に黙殺され、どのように沈黙を強いられているのかに注目しながら、具体的事例に当たりたい。それは幽霊を生み出すシステムを暴く作業であり、自分もまた幽霊を作らないために必要なことなのだ。

連載

子どもの知恵袋

〈最終回〉

おとなの悩みに子どもがこたえるコーナーです

今回の回答者　はっちゃん（高校一年生）

◇プロフィール　高校でダンス部に入りました。新型コロナの影響で長い春休みが始まったので、コンビニでバイトしています。

挿画　タタン

面談で先生にキレてしまいました……

Q1　三者面談で担任の先生に息子（小五）のことを軽くディスられ、キレてしまった。息子、どう思ったかな？（四〇歳　母）

A　えー、はずかしい（笑）。聞き流してほしかった。もし、先生の言うことがおかしかったら、自分で言うと思う。まあ、なんでキレたか、理由にもよるけどね。先生はどんな言い方をしたんだろう？　あ、そういえば、うちのお父さんが担任の先生にキレたことあったな。クラスで友だちのペンが机の上にあって、それを同じグループの人が「盗っちゃっていいんじゃない」って言って盗っちゃったことがあったんだ。それで「ペンが盗まれた、盗まれた」と騒ぎになって、先生が私のいたグループ全員に一人ずつ「おまえが盗ったのか？」って聞いてきて、誰も「はい」って言わなかったから、連帯責任で二時間ぐらい立たされたんだ。そのとき、盗ってないのに盗ったことにされた友だちが泣いちゃって、それがなぜか私が泣かしたということにされちゃったから、私も泣いちゃったの。家に帰ってきてそれをお母さんとお父さんに話したら、急にお父さんが「電話持ってきて」って言って学校に電話かけた。それで担任の先生が出たら、「てめー、うちの娘泣かしてんじゃねーよ」ってキレたの。そのときはおもしろかった。私も小声で、もっと言ってやれもっと言えってつぶやいてたよ。もし、そういう感じならキレてもいいと思う。

母の悪口をテスト用紙に書く息子に困っています

Q2 テスト用紙に必ず、私の悪口、おもに愚痴と似顔絵を描いて帰ってきます。似顔絵の横にはオニババと書いてあります。どうしたらやめてくれますか？　息子は小学四年生です。（四二歳　母）

A お母さん、こわいのかな？　あ、でも、ほんとうに恐怖を感じてたら書けないか。私は中学生のとき、答案用紙の裏にディズニーに行く計画とか書いたりしてたよ。時間が余るとなんか書いちゃうんだよね。どうしたらやめるか……、うーん、時間が経つのを待ってみたらどうでしょう。しばらくは続くかもしれないけど、やめる日がきっときます。

お弁当箱をカバンに入れっぱなし、なんとかならない？

Q3 高一の男の子です。学校から帰ってきて、お弁当箱を出しません。「出さないとポケモンのお弁当箱にするよ」と怒っても、「別にいいよ」と言って、ほんとうにポケモンのお弁当箱に詰めたお弁当を持って学校へ行きます。はずかしめる罰すら効かないとなると、こちらも考えなければなりません。どうすればお弁当箱を出すようになるでしょうか？（四八歳　母）

A 自分で洗わせれば？　自分で洗うことになれば、自分のタイミングで洗うから、気にすることもないじゃん。私は自分で洗ってるよ。自分で洗うのを忘れちゃったら、お弁当持って行けないことにするとか。くっさい空の弁当箱持って行くとか。私もお弁当箱出すの忘れることが何回もあったから、いま自分で洗ってるの。自分で洗うことになってからは、さすがに洗わないとまずいってなるからね。まあ、私は最悪もう一個お弁当箱があるからそれに詰めてもらうということもできるんだけど。

あ、でも、私もポケモンのお弁当箱でも気にならないよ。高校になって環境が変わったというか、周りの人がどう見るかとか気にしたり、はずかしいと思わなくなったの。はずかしいことが減ってきた。人ってそうやって、おとなになるのかな。

表紙のこと

プラムプラムです。

①マイケル・ヤング。イギリスの社会学者、政治家。「メリトクラシー」という造語を初めて使った人。ピーター・ウィルモットとの共著『The Rise Of The Meritocracy（メリトクラシーの法則）』で小説も。

②一九三六年ベルリンオリンピックのプロパガンダ映画『民族の祭典』ポスター。映画『パラサイト』には、怪我でリタイアし現在は「半地下」の生活を送る元ハンマー投げの選手、という設定のキャラクターが登場します。

③世界中で起きている、買い占め。

④ウィリアム・モリスの壁紙より。これもまた、ドゥルーズ＝ガタリ言うところの「欲望機械」でしょう。書物や音楽、絵画や建築に「生命」はなくとも、作者（人間とは限りません）の死後も生き続ける。それが「作品」ではなくとも、「人間」でなくとも、他者（人間とは限りません）において「生き延びる」という意味での「生」があります。

⑤ジル・ドゥルーズ。フランスの哲学者。

⑥映画『ジョーカー』。どん底の生活を送るジョーカーにとっての心の支えとその喪失がリアルに描かれた映画。どうも私の周囲を見るかぎり、同じような境遇を経験したことのない人には共感されないようです。

⑦ポデモス。15M。

⑧黒塗り文書。二〇一八年、公文書の改竄を指示された官僚が自殺するという事件がありました。自らの潔白を示すためか、死をもっての抵抗か、あるいは、自らの生を賭すという以外、この告発は力を持ち得ないと確信していたのか。「贈与」の力と、これを受けながそうとする人々…。

⑨相模原障害者施設殺傷事件より、「津久井やまゆり園（事件当時）。「責任能力が〝ないならば〟死刑」や「自分が殺したのは人間ではない」といった植松被告の主張からは、彼が「人間」以外は斬り捨てるべしという思想にとらわれていたことが窺えます。

「人間」「同類（同志）」なるものの価値（貴さ）を守るために「死刑（粛清）」はやむなしという考えは、カントやマルクスのような大思想家にもありました。とは言え、カントもマルクスも、そうした判断にあたって経済的利害を含めることはしませんでした。カントによれば、殺人者はその行為によって人間としての尊厳を失うがゆえに、人間なるものの尊厳を守るべく死が与えられねばならない。しかしながら他方でカントは、正義は何らかの対価をもって計られるなら正義ではない、とも言います。正義とは見返り無し（交換ナシ）の贈与でなければならない。なんらかの利益すなわち復讐や見せしめ（抑止という「効果」）、利害関心があるならば、それは正義ではない。ところで、司法による死刑が、正義に付されたこの条件をつねに満たすとは限りません。というか、ムリではないでしょうか。ゆえに、デリダによれば、カントは権利上は死刑賛成論者だが、事実上の死刑廃止論者である、ということになります。

植松被告の決断は本人の臆見とは異なって、「生きるに値しない生」から人々を「救う」のではなく、「生かすに値しない生」を排除するという経済合理性に基づくものであり、その統治者然としたロジックこそ批判されるべきです。そしてまた、「人間」（内世界的存在者）とその境界線（「生きるに値しない生」）についての彼の偏見や判断の誤り――「人間」誰しもが持つとされる「愚かさ」――も。

あとがき

オリンピックの延期が決まった翌日、東京の新型コロナ感染者が一七一人に増えて、全国トップになった。世界のあちこちで外出禁止が命じられたり、不要不急の活動自粛が要請されている。日本では、学校だけに一斉休校の要請があり、人手や経済力にとぼしい親とその子どもがさらにダメージを受けた。不要不急を誰が決めて、何が中止になり何がおこなわれることはよしとされるのか？

医師で元国立公衆衛生院疫学部感染症室長の母里啓子さんは、「目に見えないウイルスに対するつくられた恐怖と、見えないから安全だとごまかされる放射線の怖さ。情報の恣意的な出し方に注意して、人権を無視して感染症を取りしまっていた日本の伝染病予防法の反省を生かし、世界的感染症恐怖時代を見極めて」と話してくれた。歴史は終わっていない。

編集部 いとうふみか

空也上人立像 康勝作
平安中期-疫病が流行する京都のまちを回って念仏を唱えみんなにお茶をふるまったんだそうな
空也上人だよ

次号のお知らせ

教育と文化 99 号　2020 Spring
2020 年 5 月下旬発行予定

教育と文化通巻 98 号
2020 年 4 月 15 日発行
編集人　菊地栄治
編集　一般財団法人 教育文化総合研究所
デザイン　PLUMP PLUM（プラム・プラム）

発行人　則松佳子
発行　（株）アドバンテージサーバー
東京都千代田区一ツ橋 2-6-2 日本教育会館
TEL 03-5210-9171
FAX 03-5210-9173
URL https://www.adosava.co.jp/
印刷　シナノ印刷株式会社
ISBN 978-4-86446-068-2